CADERNOS PRÁTICOS DE XADREZ 7

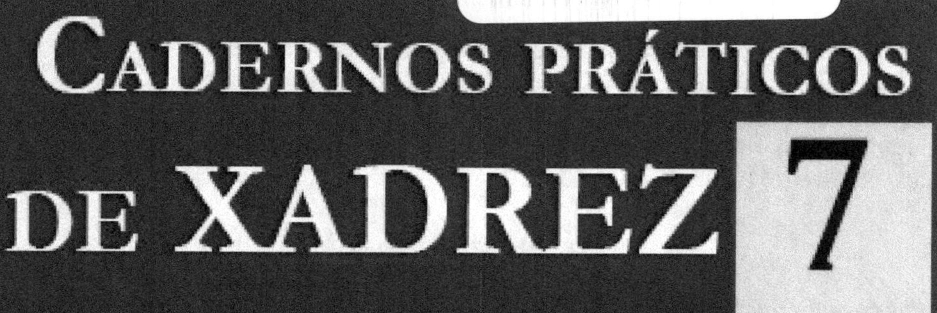

Tradução de Jussara Chaves Garcez Leme

EDITORA SOLIS

2021

© Antonio Gude 2004
© 2021 da edição em português da Editora e Livraria Solis Ltda.
Editores: Francisco Garcez Leme e Jussara Chaves Garcez Leme
Diagramação: Heloísa Chaves Garcez Leme
Tradução para o português: Jussara Chaves Garcez Leme
Editado em Aveiro, Portugal, em 2021

ISBN: 9788598628424

Os diagramas incluídos neste livro procedem dos arquivos pessoais do autor.

Dados Internacionais de Catalogação da Publicação (CIP)

Gude, Antonio Fernández, 1946 Cadernos Práticos de Xadrez, 7 - Problemas de Cálculo; Editora Solis 2021, Aveiro, Portugal.
Título original: Cuadernos Prácticos de Ajedrez, 7 - Problemas de Cálculo
1.Xadrez 2.Ensino de xadrez 3.Treinamento de xadrez 4. Exercícios de xadrez 5.Problemas

04-5156   CDD - 794.12

Contato com a Editora Solis

No Brasil: comercial@editorasolis.com.br

Em Portugal: comercial@editorasolis.pt

SUMÁRIO

INTRODUÇÃO

A teoria estabelece modelos didáticos no tratamento de posições, ou no estudo dos diferentes temas técnicos, mas a prática se encarrega de criar o caos com sua diversidade, o que constitui precisamente um dos grandes atrativos do xadrez.

Os manuais *Escola de Xadrez* (1 e 2) têm uma destacada orientação prática, como o demonstra o fato de que, além das numerosas posições comentadas no corpo principal, ambos livros contenham um bloco adicional de 160 e 128 exercícios, respectivamente.

Não obstante, o esforço por sistematizar o material, reduzindo-o a modelos válidos, por conta da melhor orientação didática possível, não basta para que o jogador possa captar a variedade e riqueza do xadrez de competição. Esta iniciativa editorial responde à necessidade do jogador ativo de cultivar um treinamento sistemático, e estes cadernos, com 128 exercícios cada um, em três níveis de dificuldade, contribuirão para solucionar esse aspecto, porque vêm a ser *parques temáticos*, com posições que ampliam aspectos monográficos desenvolvidos teoricamente nos manuais.

Cada caderno está dividido em seções, e os exercícios destas são qualificados com uma, duas ou três estrelinhas, segundo o grau de dificuldade, de acordo com a técnica empregada em *Escola de Xadrez* (1 e 2).

Medir a dificuldade de um exercício não é fácil. Não apenas porque a avaliação objetiva seja difícil por si mesma, mas porque o grau de dificuldade é diferente para cada pessoa. A aspiração destes cadernos é chegar ao mais amplo número possível de enxadristas, pois só assim se justificará sua publicação. Em termos gerais, creio que o tempo de resolução deve ser de:

Primeiro nível	★	(1 estrela)	1- 3 minutos
Segundo nível	★★	(2 estrelas)	5 -10 minutos
Terceiro nível	★★★	(3 estrelas)	10 -20 minutos

O tempo de reflexão não tem por que ser excessivamente rigoroso. Os autodidatas podem guiar-se por esta estimativa orientadora, enquanto – como já se havia sugerido em *Escola de Xadrez* – o ideal é que, em seu caso, o treinador marque para um grupo de jogadores ou para um jogador determinado o tempo exato que considere oportuno para cada exercício, ou bloco de exercícios.

PROBLEMAS DE CÁLCULO

Todo o xadrez está impregnado de análise e cálculo. De modo especial, as combinações e o jogo tático requerem uma alta dose de cálculo. Falamos daquelas posições nas quais, dada a natureza aguda da luta, o valor de cada tempo é crucial ou muito elevado.

O cálculo foi estudado, especificamente, no capítulo 6 da *Escola de Xadrez 2, Leitura da posição*, e mais especificamente, em sua seção 4, *O cálculo das variantes*.

O estudante deve ter em conta que, ao resolver os exercícios, não lhe é pedido que decifre todos e cada um dos lances da partida (que, às vezes, são incluídos até ao final, para fins documentais), senão apenas aqueles que, digamos, que levem à vantagem decisiva de um lado (+ -, - +), ou empates forçados (=) quando for apropriado. Há exceções (e nesse sentido a orientação de um instrutor, ou o próprio bom senso do leitor, é importante), porque se o primeiro ou dois primeiros lances produzirem esse julgamento, espera-se que o solucionista forneça linhas concretas adicionais que enriqueçam a solução. O xadrez não é uma ciência matemática e admite várias interpretações.

Para progredir em xadrez apenas uma fórmula é conhecida: jogar o maior número possível de partidas, junto com o estudo teórico e a análise das próprias partidas. O complemento ideal dessa fórmula é, como recomendam muitos grandes mestres, que o jogador desenvolva e aperfeiçoe sua capacidade tática e estratégica, mediante a resolução de numerosos exercícios, especialmente selecionados por sua utilidade. Como os que aqui lhe oferecemos

1 - Problemas de mate

1 - Jogam as pretas 

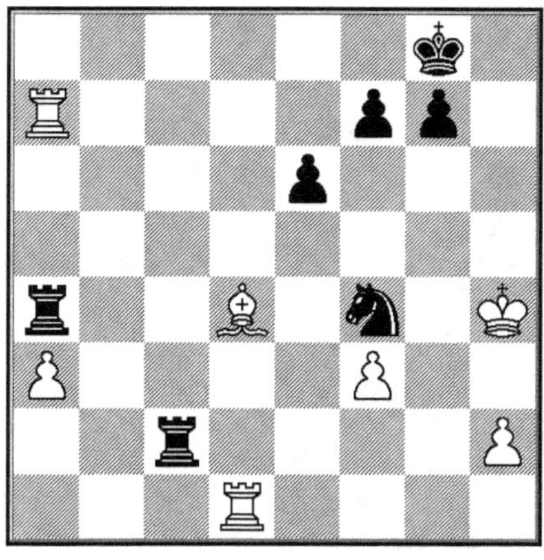

As brancas acabaram de jogar ♖×a7. O que devem responder as pretas?

2 - Jogam as pretas 

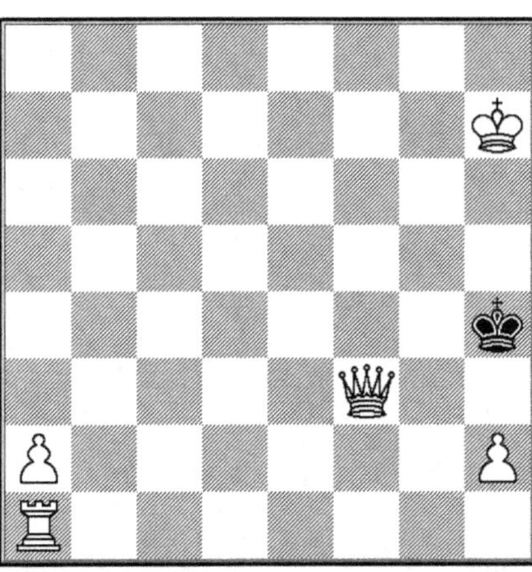

Este problema de mate em dois é uma piada tática que ajudará modestamente a sua criatividade.

3 - Jogam as brancas 

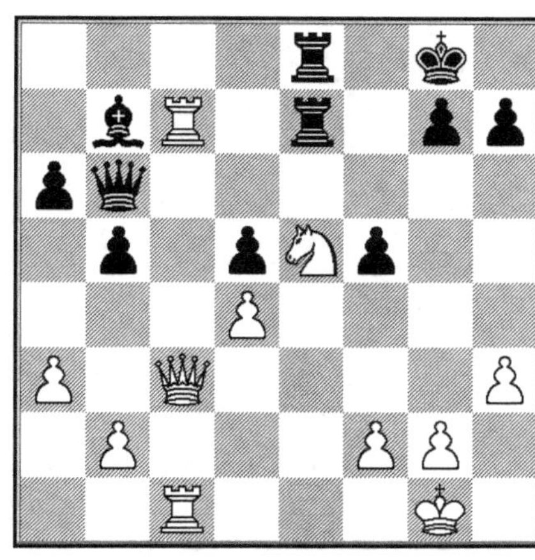

Proceda um cálculo simples e ligue os pontos. A solução é fácil.

4 - Jogam as brancas 

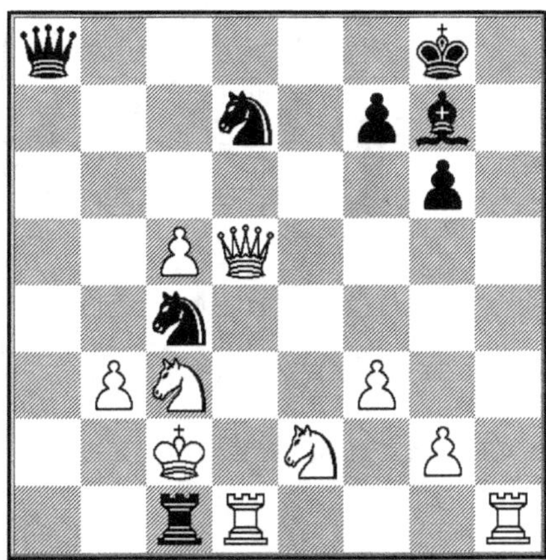

As brancas jogaram 25.♘×c1 e terminou empatado. Como 25.♔d3 é refutado? Existe apenas um obstáculo psicológico.

1 - Problemas de mate

5 - Jogam as pretas 

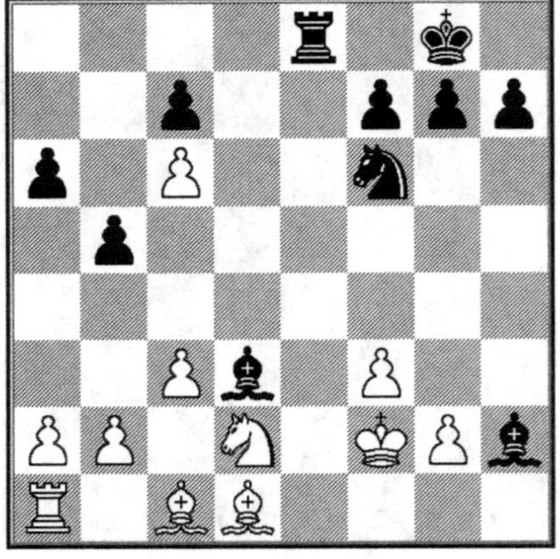

O primeiro lance é fácil, uma vez que você tenha captado a ideia. Mas é preciso analisar todas as defesas possíveis.

7 - Jogam as brancas 

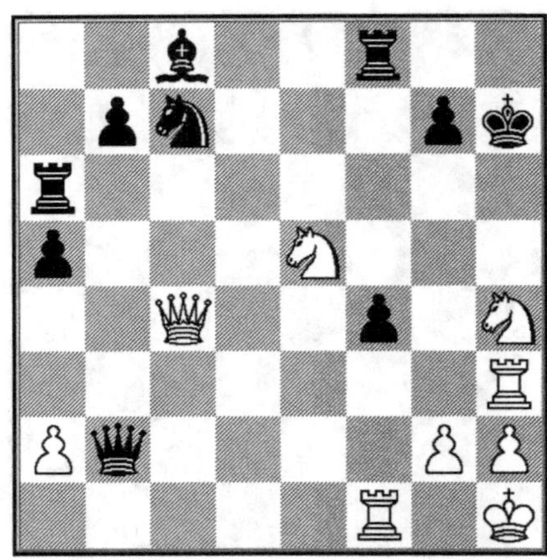

Esta posição parece muito fácil, mas não é tanto. Não se entusiasme.

6 - Jogam as pretas 

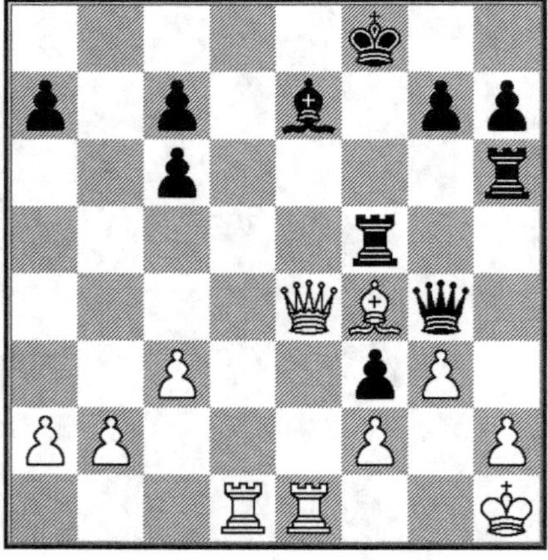

As três peças maiores das brancas estão bem coordenadas, mas seu rei tem um problema sério.

8 - Jogam as brancas

Você deve descobrir um mate em quatro lances (com variantes alternativas). Não é fácil, nem difícil.

1 - Problemas de mate

9 - Jogam as pretas 

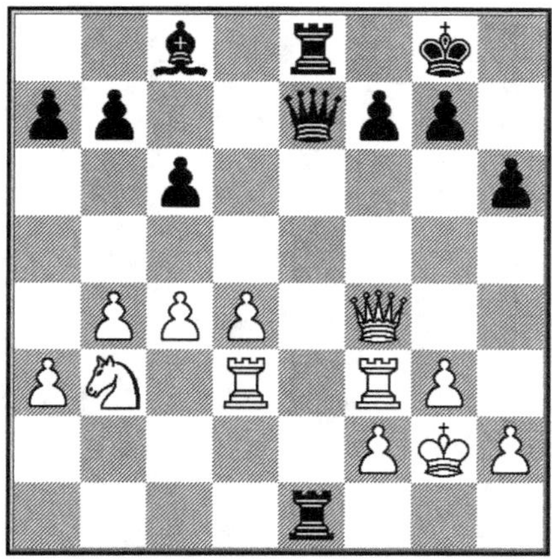

As brancas têm um peão de vantagem, mas o domínio da coluna aberta e da primeira fileira é um mau presságio.

11 - Jogam as brancas ★★

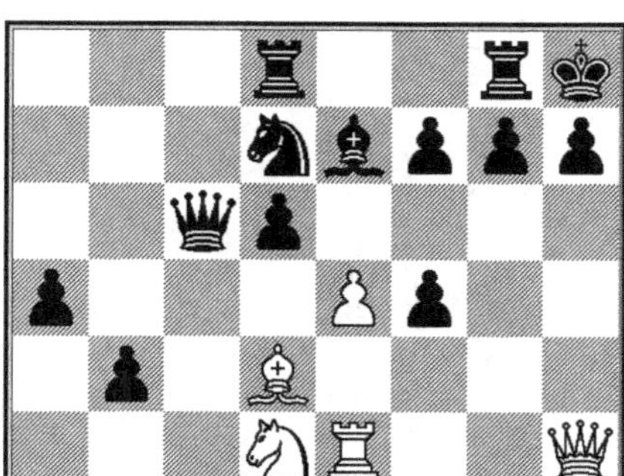

As brancas têm uma excelente disposição de ataque, mas devem encontrar uma sequência inapelável.

10 - Jogam as pretas 

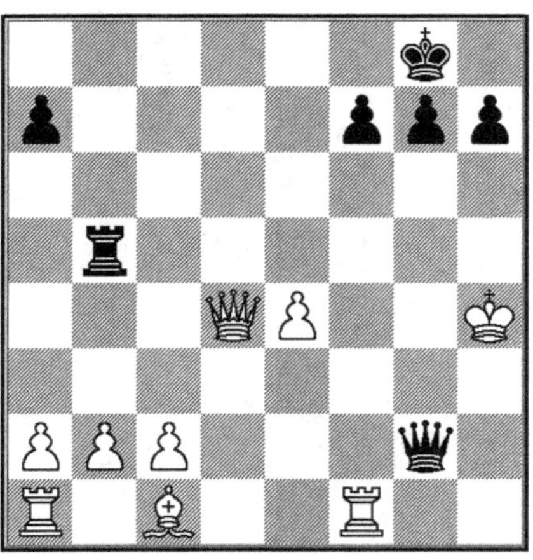

Você está perfeitamente capacitado para descobrir aqui um mate em cinco.

12 - Jogam as pretas 

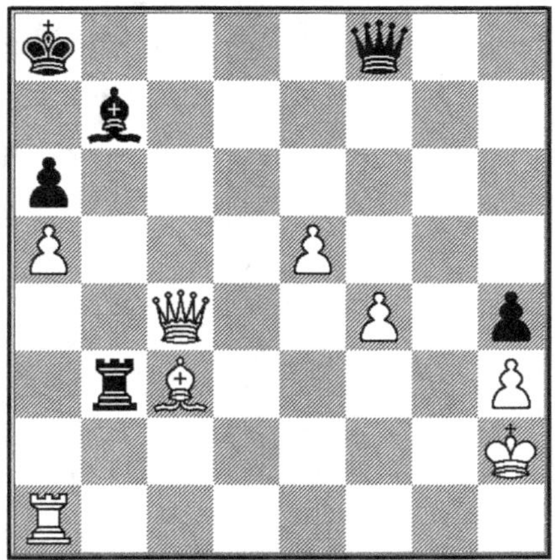

Nesta curiosa posição, as pretas podem decidir a luta em poucos movimentos. Como?

1 - Problemas de mate

13 - Jogam as pretas ★★★

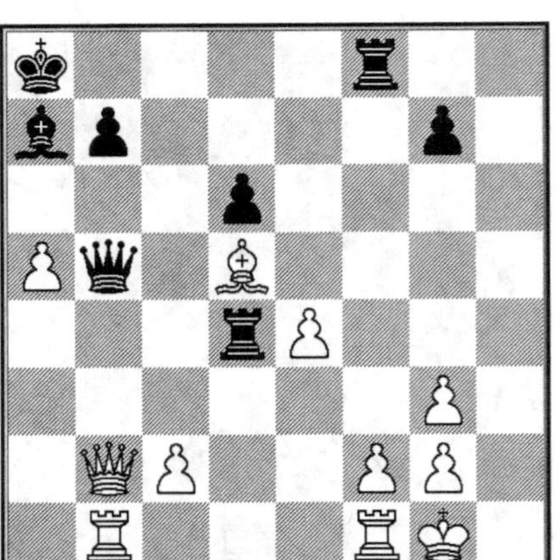

Apesar da tremenda pressão em b7, as pretas demonstrarão que sua posição é vencedora.

15 - Jogam as pretas ★★★

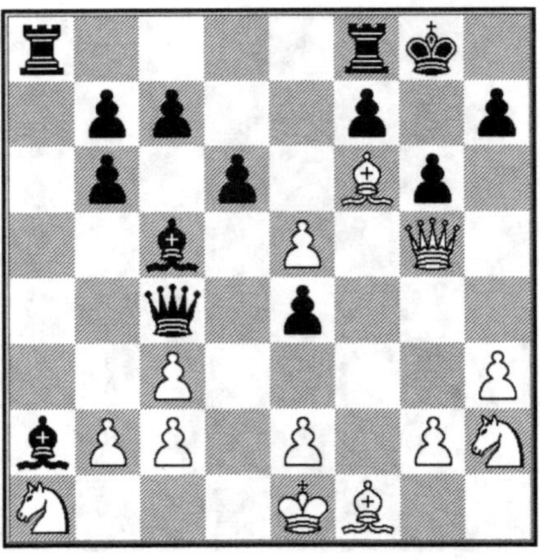

Este é mais difícil. Embora pudesse ter vindo de uma partida real, é uma composição. Portanto, não fique deprimido.

14 - Jogam as pretas ★★★

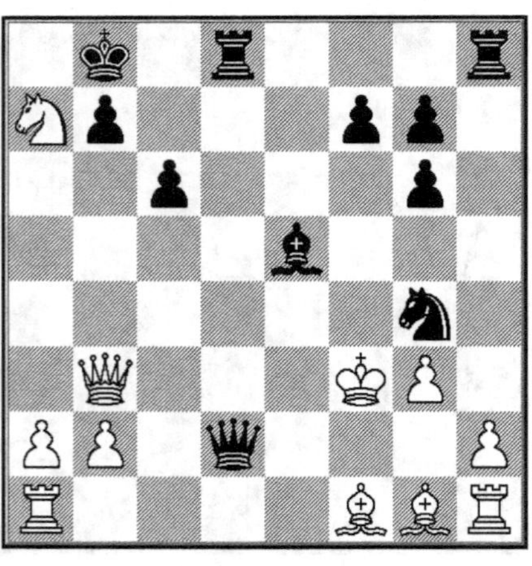

As pretas têm uma clara vantagem (mas uma peça a menos). A questão de nadar e guardar as roupas aqui é capital.

16 - Jogam as brancas ★★★

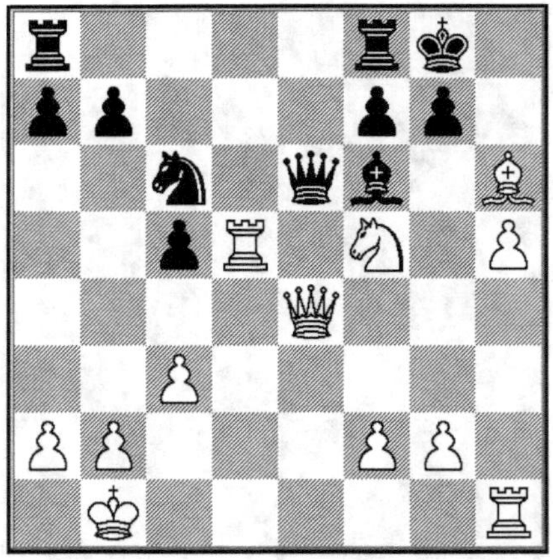

O ataque das brancas já está em sua última fase, mas a questão é exatamente como será concluído?

2 - Finais práticos

17 - Jogam as brancas 

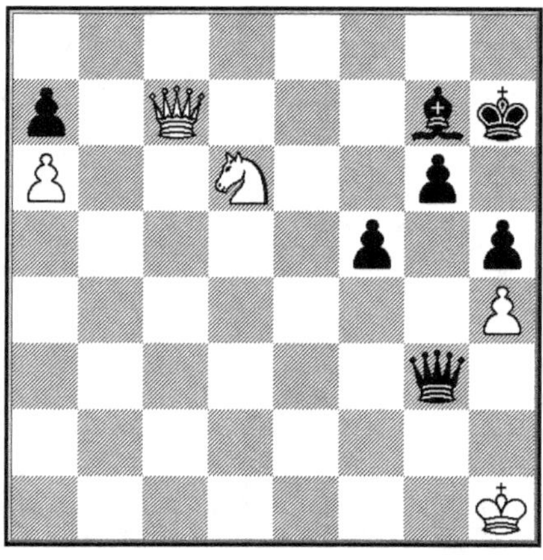

Nesta posição desesperadora, as brancas se salvaram *in extremis*. Como?

19 - Jogam as brancas 

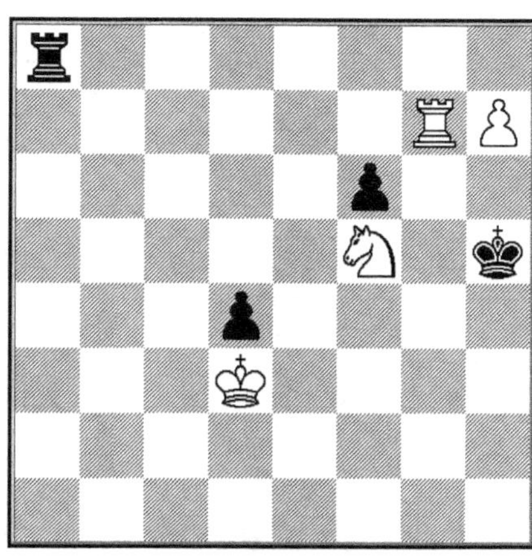

Qual é a solução mais rápida para esta posição? Atenção ao afogado!

18 - Jogam as pretas 

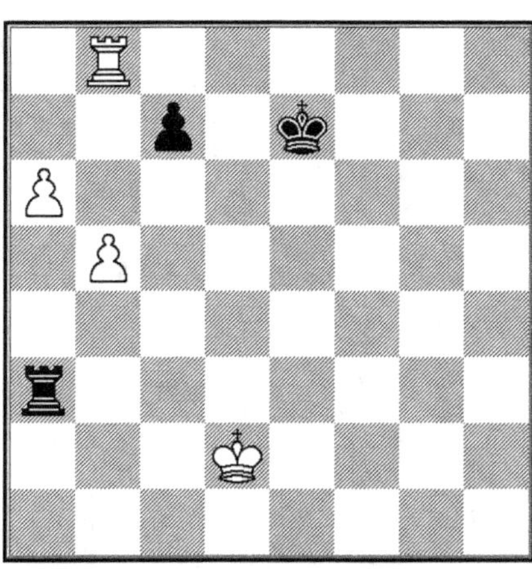

1...c6? é fraco (por 2.♖h8! c×b5 3.a7). Existe alguma forma de empatar?

20 - Jogam as pretas 

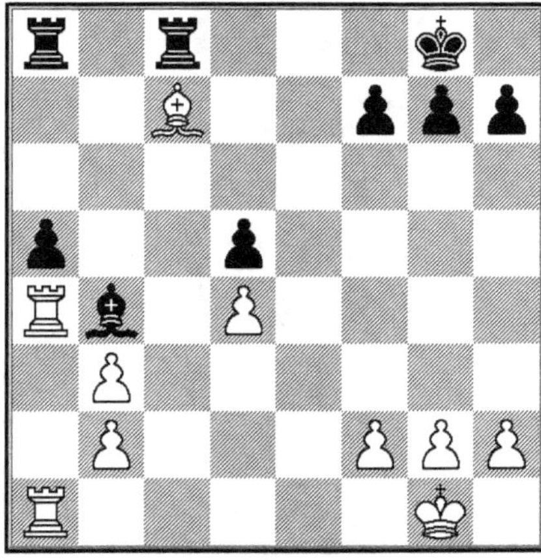

As brancas acabam de capturar um peão em c7, especulando sobre a imobilização de ♖a8. Como essa captura é refutada?

2 - Finais práticos

21 - Jogam as brancas ★★

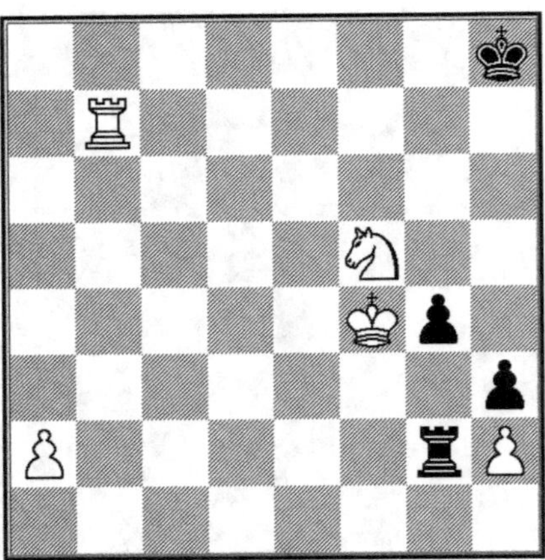

As brancas jogaram 1.♘e3 e o jogo terminou empatado depois de 1...g3! 2.♖b1. Você consegue pensar em alguma maneira de vencer?

23 - Jogam as brancas ★★

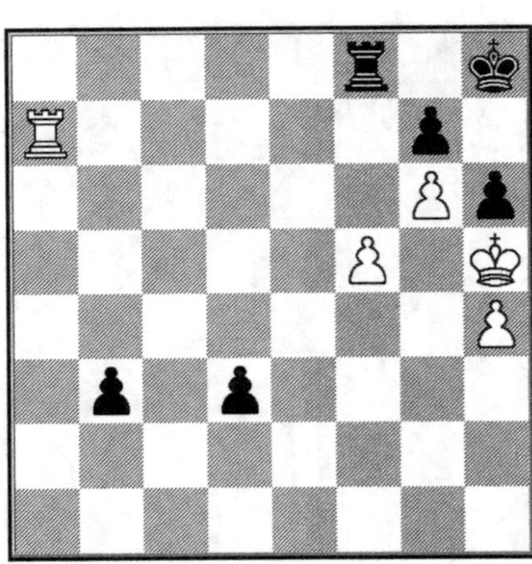

Embora essa posição seja composta, pode ocorrer em uma partida ao vivo. É solicitada a linha vencedora, com variantes.

22 - Jogam as pretas ★★

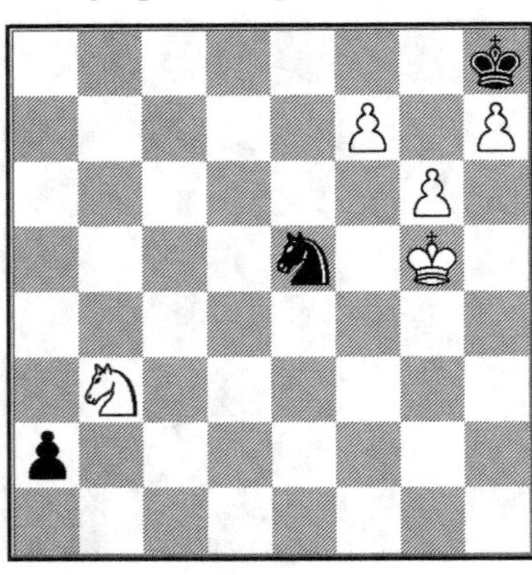

As brancas jogaram 64.f7. O que acontece se as pretas responderem 64...♘xf7+?

24 - Jogam as brancas ★★

Frente a ameaça ...♚e3, parece impossível as brancas vencerem esse final. Mas o impossível é possível.

2 - Finais práticos

25 - Jogam as pretas 

As pretas aqui jogaram 1...♞xd4? e perderam. Não tinham uma alternativa melhor?

26 - Jogam as pretas 

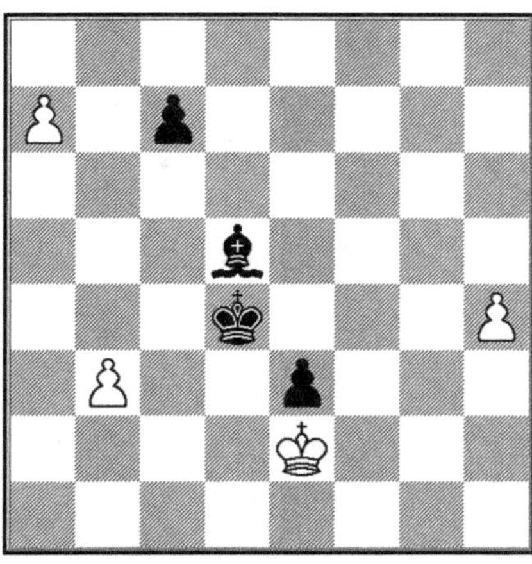

Spassky jogou 1...♝b7? e acabou perdendo. Você acha que poderia ter feito melhor?

27 - Jogam as brancas 

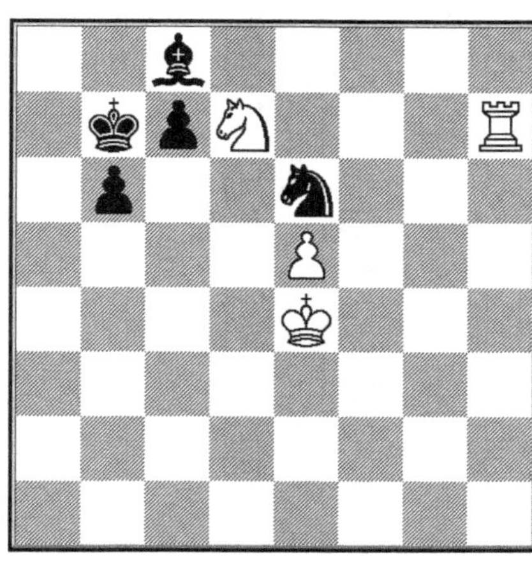

Esta posição apresenta dificuldades técnicas, mas há uma passagem secreta que permite que sejam resolvidas de uma só vez.

28 - Jogam as brancas 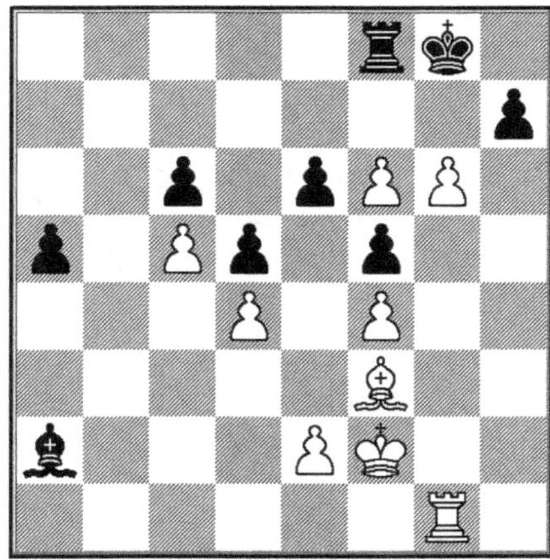

Os peões brancos avançados parecem condenados a desaparecer, e o preto em a5 é um bom palpite. O que fazer?

2 - Finais práticos

29 - Jogam as pretas ★★

Nesse final, o método vencedor contém uma sutileza. Conseguirá captar?

31 - Jogam as brancas ★★

Como estão seus fundamentos técnicos? As brancas podem vencer? Por favor, indique as linhas.

30 - Jogam as brancas ★★

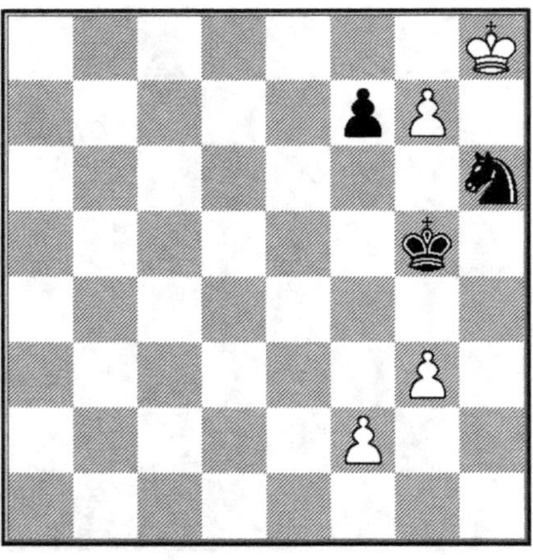

As brancas conseguem ganhar esta posição? Se sim, como?

32 - Jogam as brancas ★★

Uma análise superficial sugere que a posição está ganha. É mais difícil traduzir essa conclusão em lances específicos.

2 - Finais práticos

33 - Jogam as pretas ★ ★

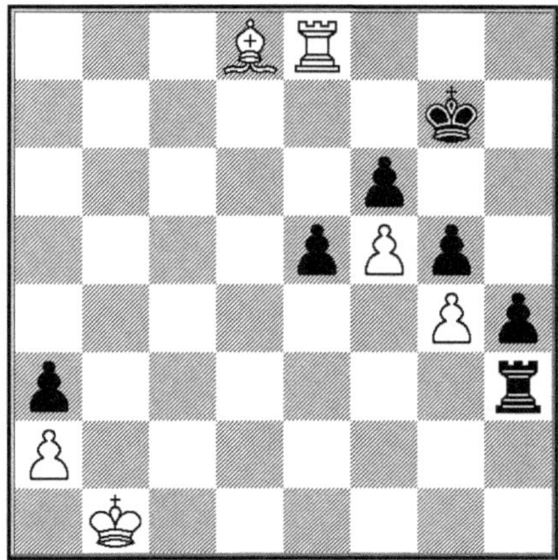

As pretas têm apenas dois peões por uma peça, mas sua formação é compacta, com dois peões passados perigosos. Vença!

35 - Jogam as brancas ★ ★

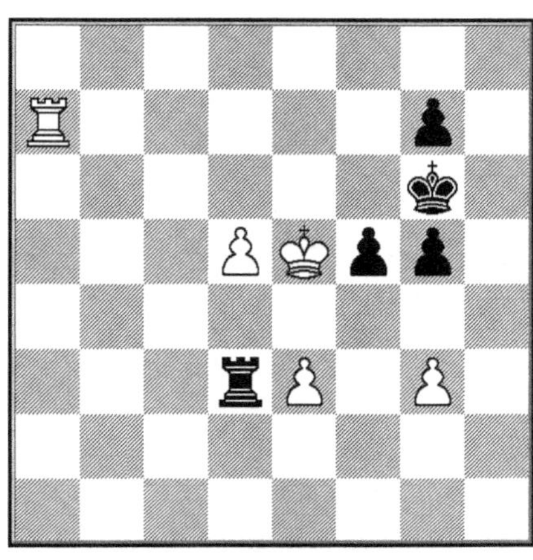

O peão passado e suas peças ativas dão às brancas uma vantagem clara, mas isso é decisivo?

34 - Jogam as pretas ★ ★

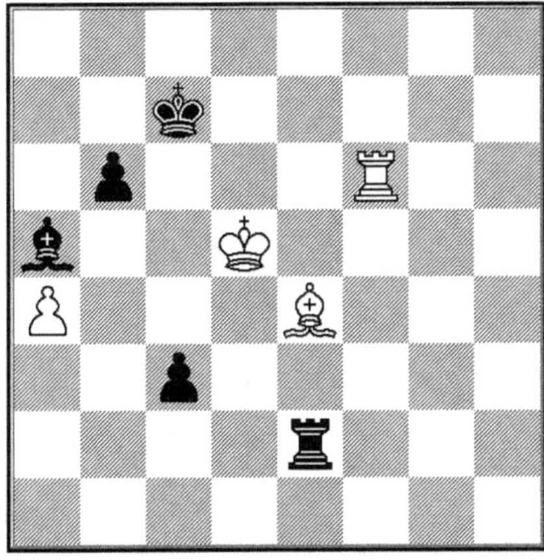

O peão avançado deve dar a vitória às pretas. Mas você tem que nos dizer como.

36 - Jogam as brancas ★ ★

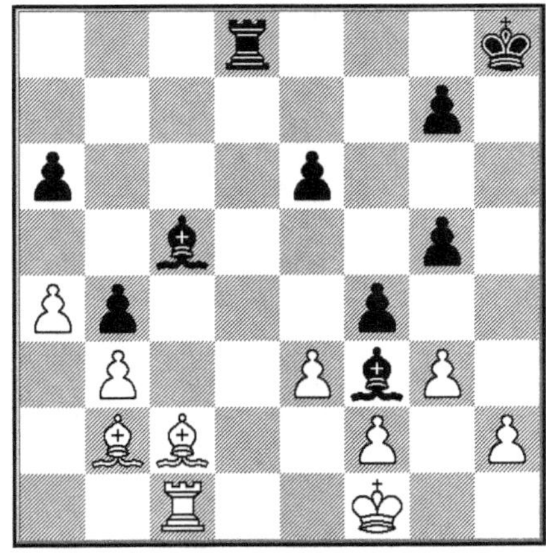

O prodígio Magnus Carlsen jogou aqui 27.Re4? e foi severamente punido. Qual foi a melhor sequência?

2 - Finais práticos

37 - Jogam as brancas ★★

Com um lance forte - calculado com precisão -, as brancas inclinan a balança para o seu lado. Qual a peça e a ideia?

39 - Jogam as brancas ★★

O fantasma do afogado paira sobre esta posição. Ganhe com o plano *Caça fantasmas!*

38 - Jogam as brancas ★★

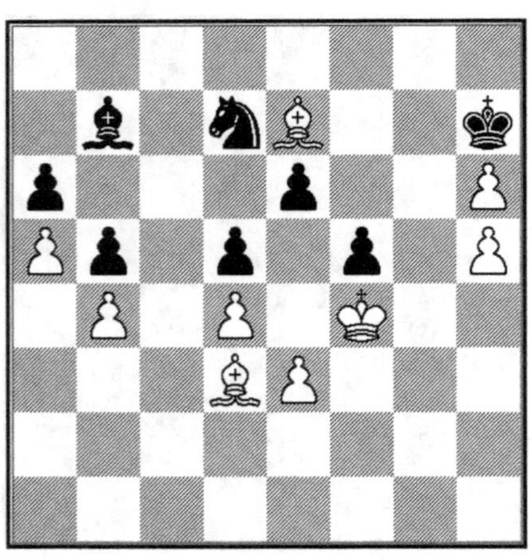

As brancas jogaram 45.♗×f5+? e o jogo terminou empatado. Talvez você possa sugerir uma linha melhor?

40 - Jogam as brancas ★★

Que chance de vitória dá às brancas? Cuidado, pois o quadrúpede é versátil.

2 - Finais práticos

41 - Jogam as brancas ★ ★ ★

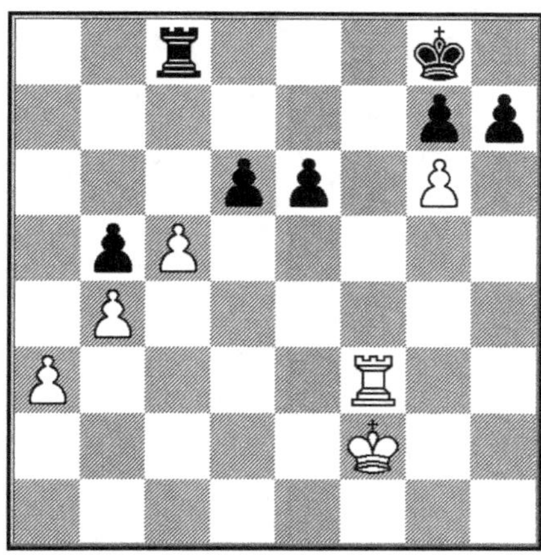

Outra posição composta que poderia se apresentar na prática do torneio. Qual é o método de vitória?

43 - Jogam as pretas ★ ★ ★

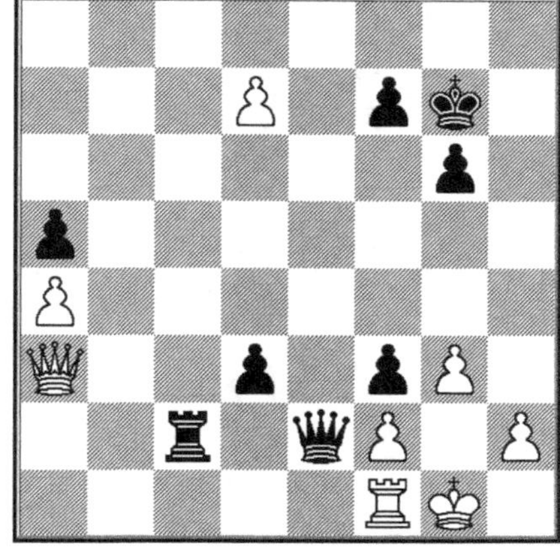

A coroação do peão branco é inevitável, mas o que você acha da possível resposta ...♛×f1+?

42 - Jogam as pretas ★ ★ ★

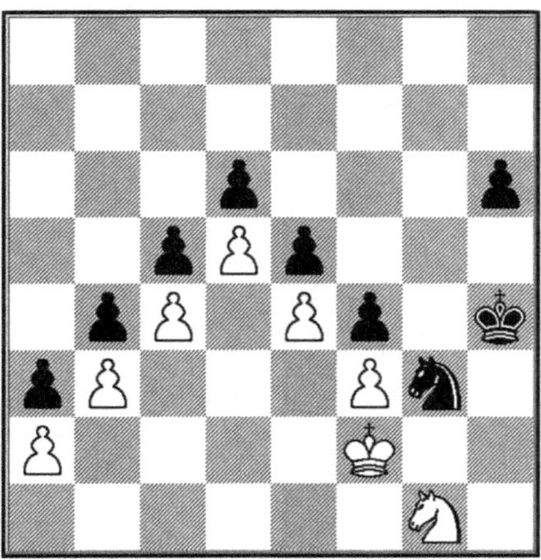

O final está ganho, mas o procedimento não é fácil nem transparente. Faça um esforço de vontade e lógica!

44 - Jogam as brancas ★ ★ ★

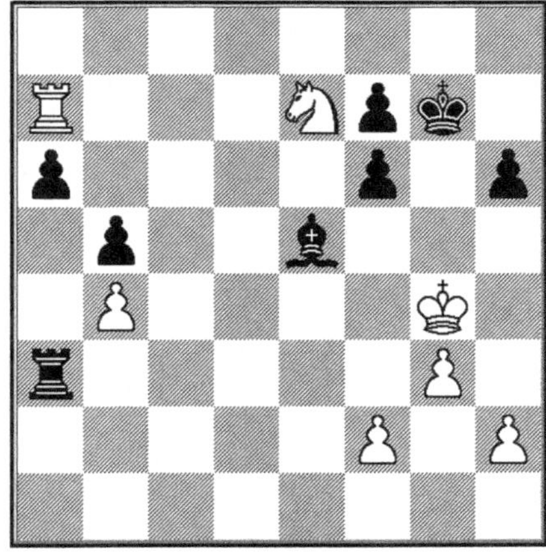

Um campeão mundial aqui dá prioridade às suas peças ativas sobre as considerações materiais. Como segue?

2 - Finais práticos

45 - Jogam as brancas ★★★

Minimalismo geométrico de alta precisão nesta posição composta, perfeitamente possível em jogos ao vivo. Temos que ganhar!

47 - Jogam as pretas ★★★

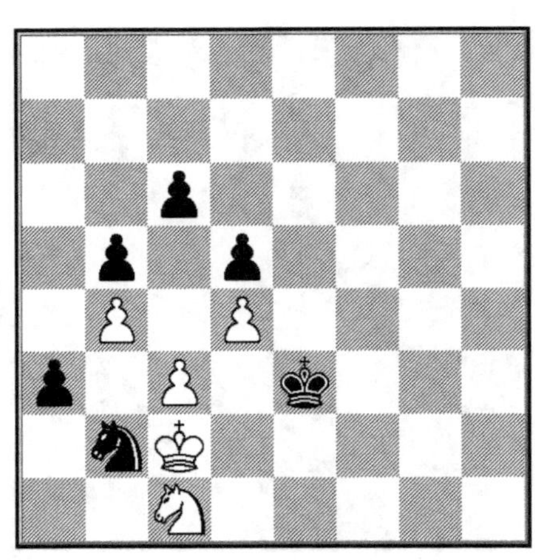

Temos aqui uma exibição de virtuosismo técnico. Emule o mestre e atreva-se a vencer esse final!

46 - Jogam as pretas ★★★

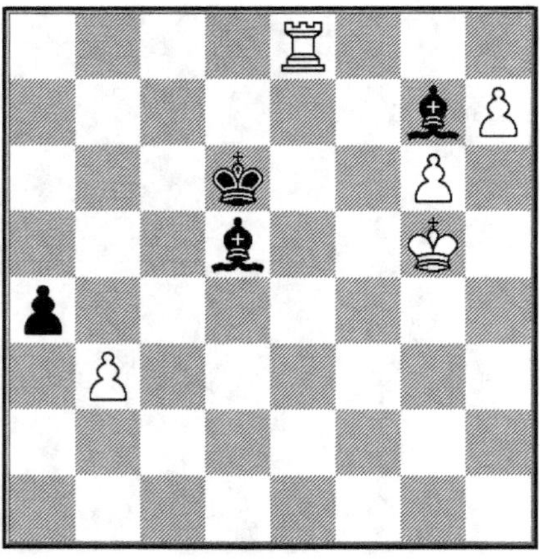

O que acha desse final? As pretas jogaram 62...a×b3 e acabaram perdendo. Poderia encontrar algo melhor?

48 - Jogam as brancas ★★★

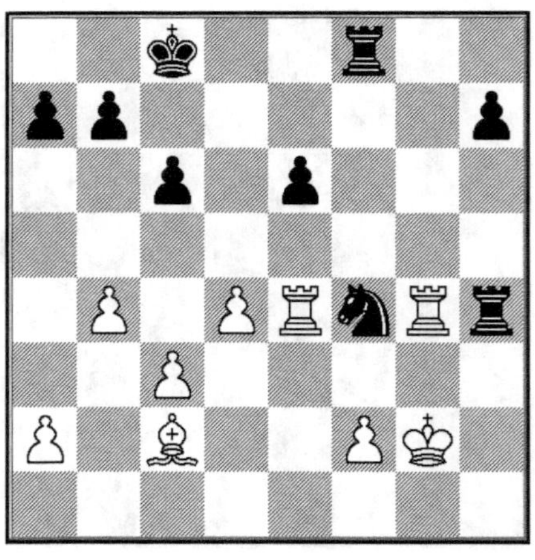

As brancas aqui encontraram uma combinação feliz e original. Conceba, analise e dite.

3 - Cálculo de variantes

49 - Jogam as pretas 

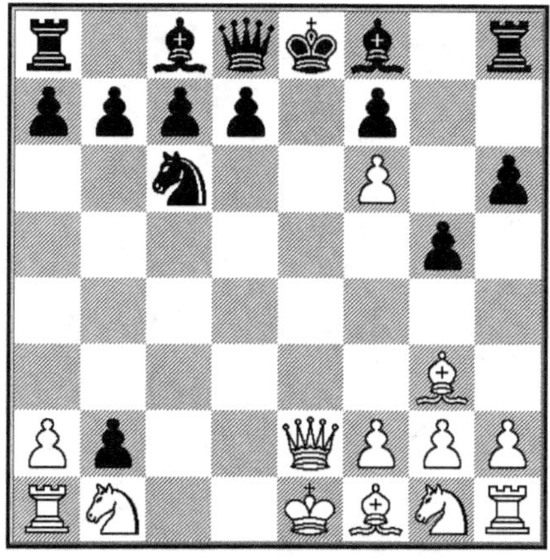

Qual é a melhor resposta a este xeque, com o qual as brancas parecem ser capazes de fazer caixa?

51 - Jogam as brancas 

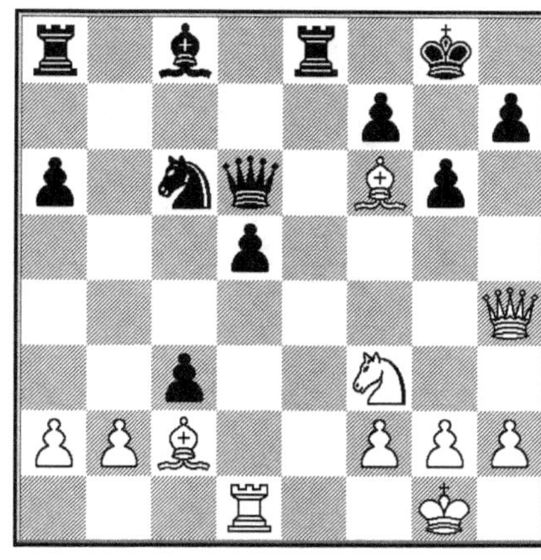

O primeiro lance é fácil. O segundo, um pouco menos... e é a chave!

50 - Jogam as brancas 

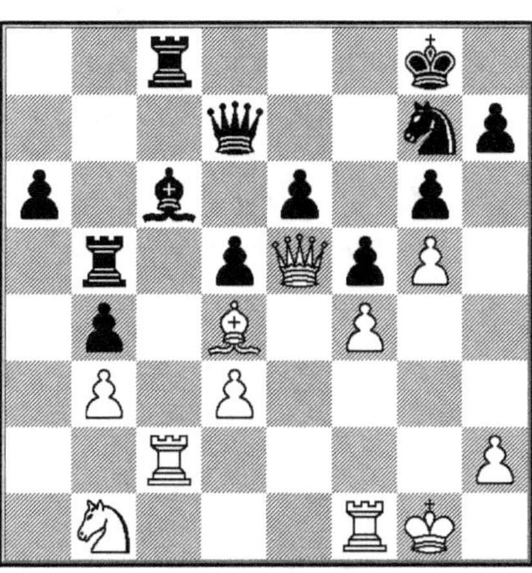

As brancas podem explorar seu domínio das casas pretas com um lance forte que lhe trará material.

52 - Jogam as pretas 

Posição final da partida Svidler-Topalov (No. 37). Depois de 67...♚c2, há mate em cinco. Calcular.

3 - Cálculo de variantes

53 - Jogam as brancas ★★

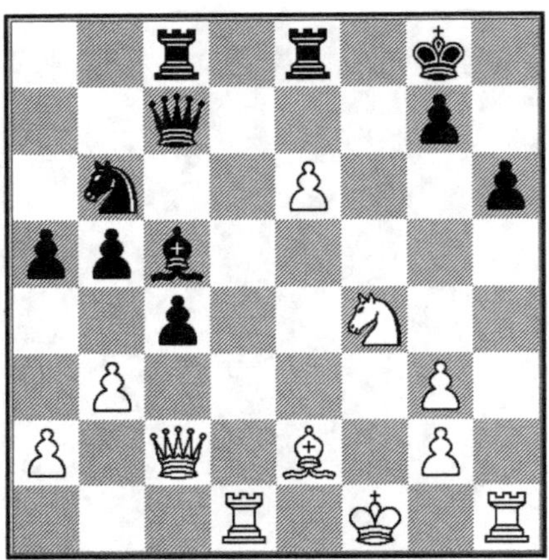

As brancas têm vantagem suficiente aqui para pensar em um ataque ao rei inimigo. Como faria isso?

55 - Jogam as brancas ★★

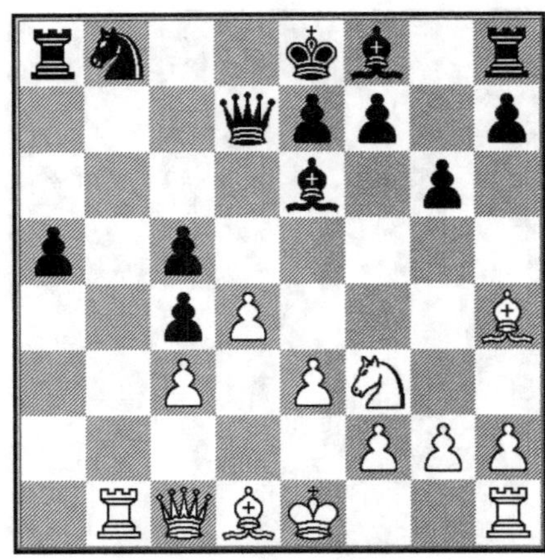

Esta partida permite uma definição rápida. Basta usar seu julgamento e a régua de cálculo.

54 - Jogam as brancas ★★

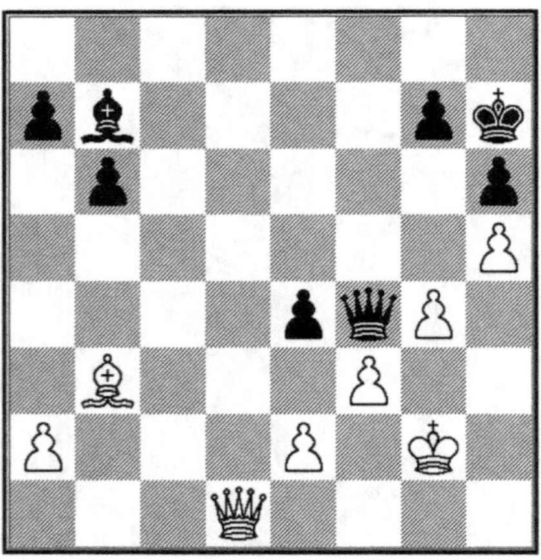

Encontre um lance tão forte que você decida de imediato, mas cuidado! Seu segundo lance deve ser tão forte quanto.

56 - Jogam as brancas ★★

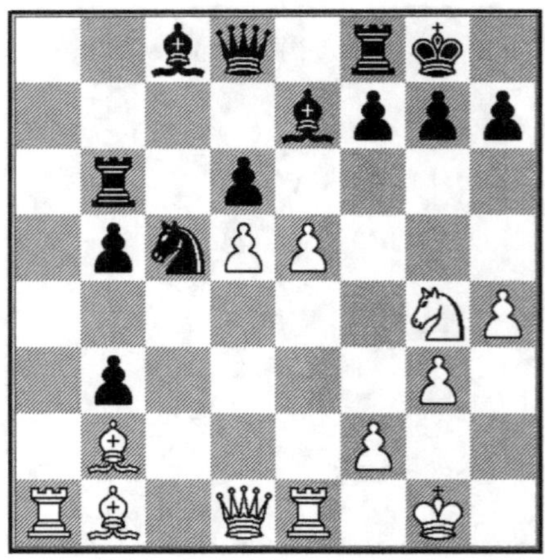

Os bispos brancos apontam perigosamente para o roque inimigo. Como executar o ataque?

3 - Cálculo de variantes

57 - Jogam as pretas ★★

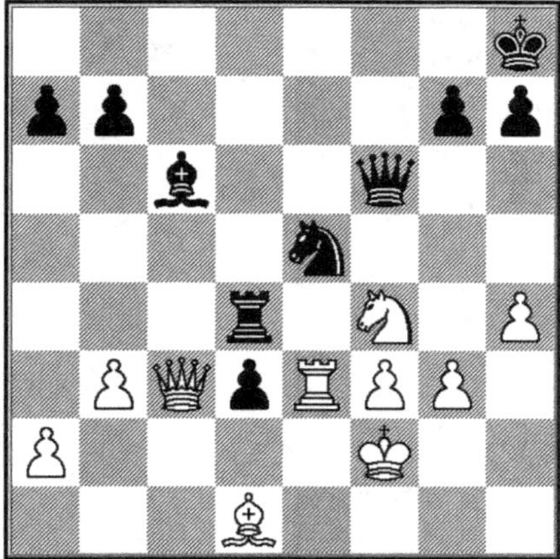

O rei branco está exposto. Um pouco de precisão e o arremate está cantado.

59 - Jogam as brancas ★★

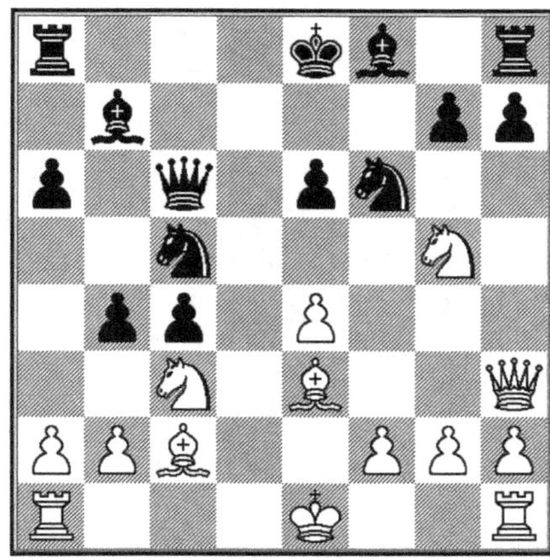

Se o cavalo em c3 se mover, as pretas estão bem. Mas, e se não se mover? Cálculo rigoroso de variantes.

58 - Jogam as pretas ★★

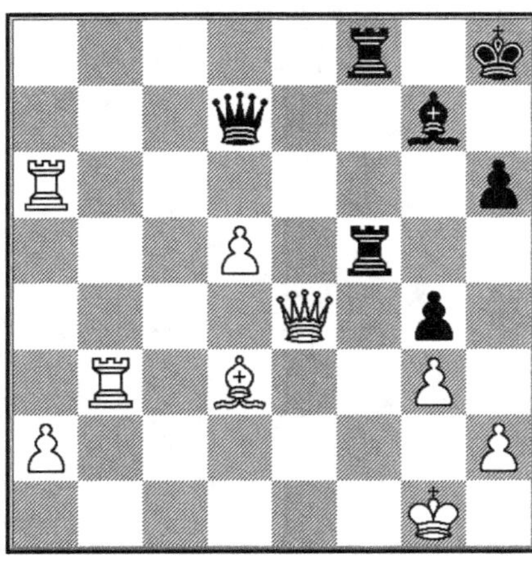

Nesta posição, as pretas jogaram 39... h5 e acabaram por perder. Pesquise e descubra um lance vencedor.

60 - Jogam as brancas ★★

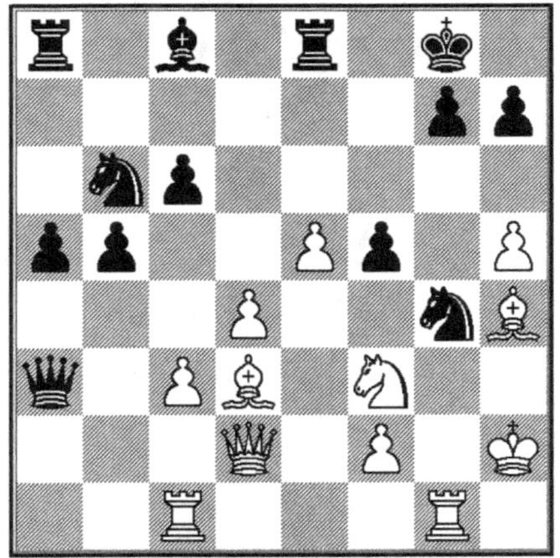

As brancas aqui fazem um ataque decisivo, mas primeiro devem responder xeque. O que propõe?

3 - Cálculo de variantes

61 - Jogam as pretas ★★

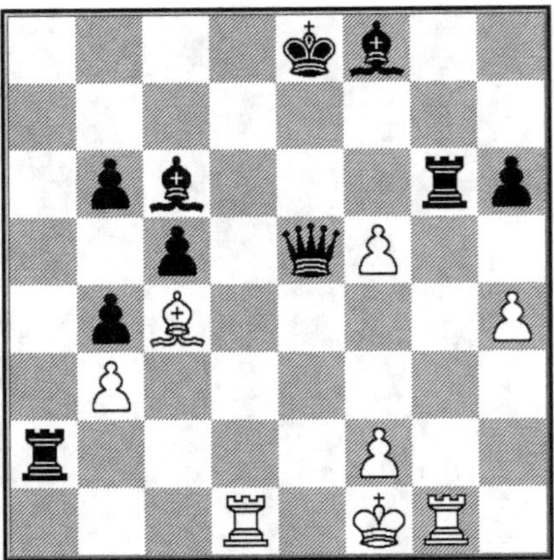

A cravada da torre parece colocar as pretas em posição perdida. No entanto, podem ser salvas, como você demonstrará.

63 - Jogam as brancas ★★

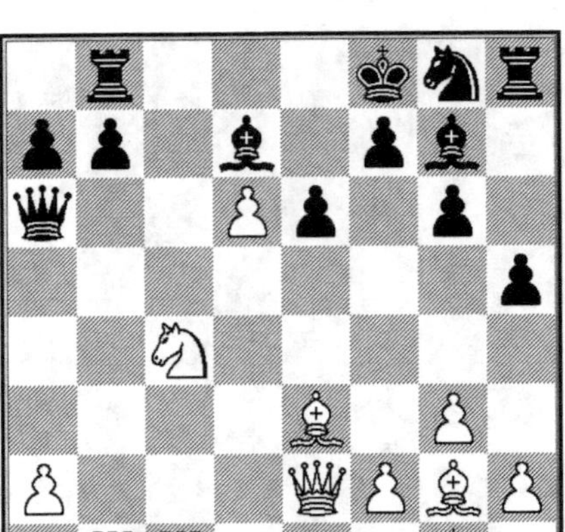

Captar a ideia não é a coisa mais difícil. Um pouco mais difícil é não deixar nenhuma variante ao acaso.

62 - Jogam as brancas ★★

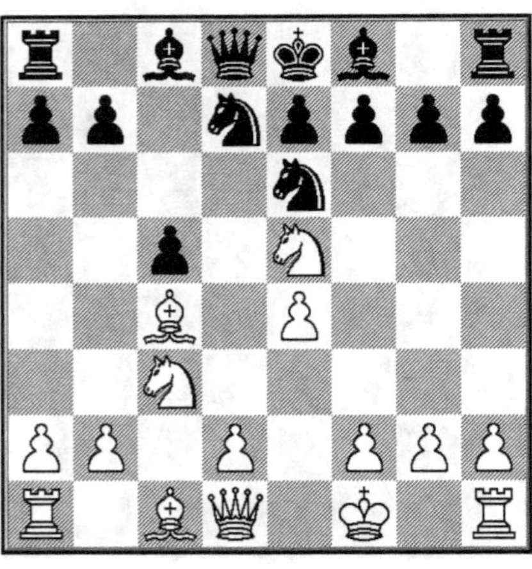

Você, com certeza, vê coisas nesta posição. Mas você tem que levá-los a bom porto. Como?

64 - Jogam as pretas ★★

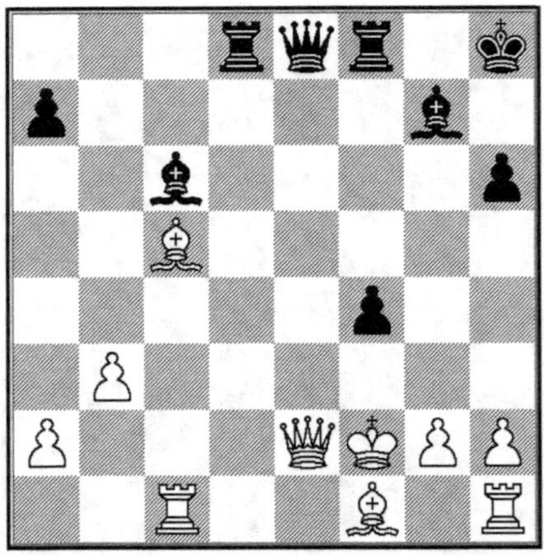

Há duas continuações vencedoras. Com o que escolhe, Tony Miles mostra seu caráter.

3 - Cálculo de variantes

65 - Jogam as pretas ★★

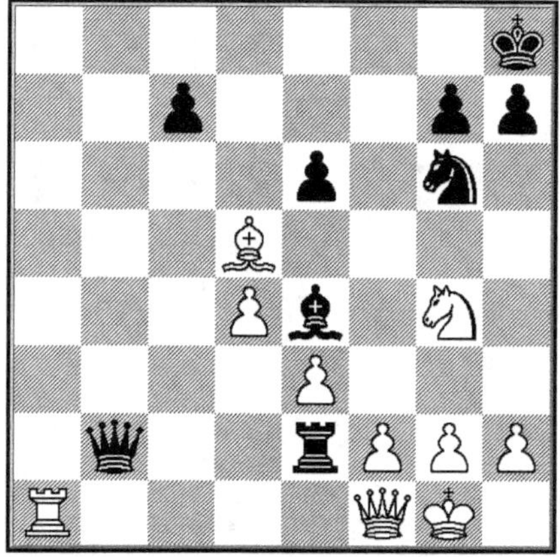

As brancas acabam de tomar um peão em d5, especulando sobre a ideia ♔b1–b8+. Como isso é refutado?

67 - Jogam as pretas ★★

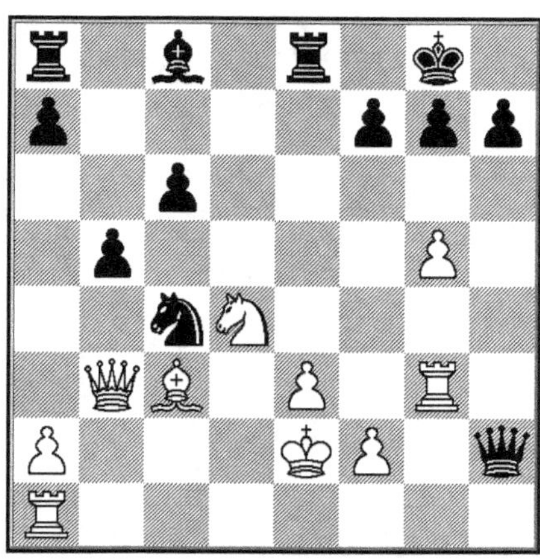

Com que golpe implacável de grande mestre Dreev desmonta a trama das brancas?

66 - Jogam as pretas ★★

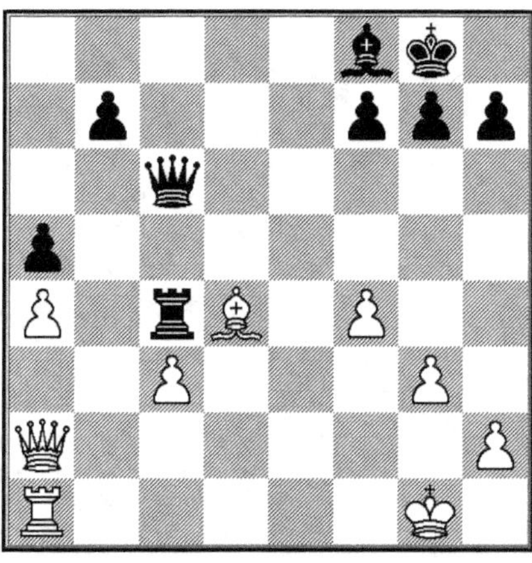

Como as pretas exploram a frágil formação de peões de seu adversário, com suas peças principais ativas?

68 - Jogam as pretas ★★

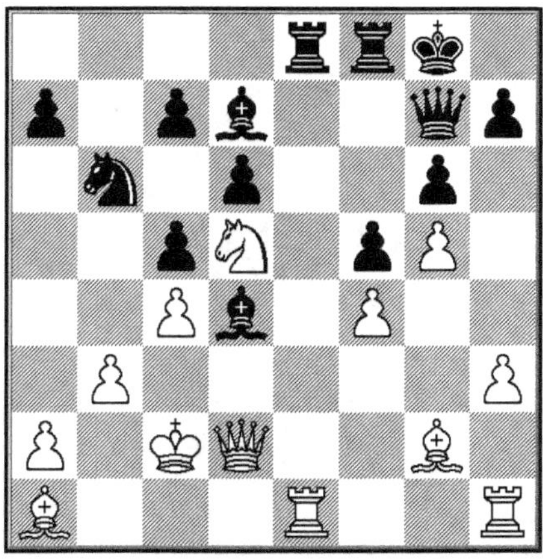

As pretas podem manifestar a relativa insegurança do rei das brancas? O que propõe?

3 - Cálculo de variantes

69 - Jogam as pretas ★★

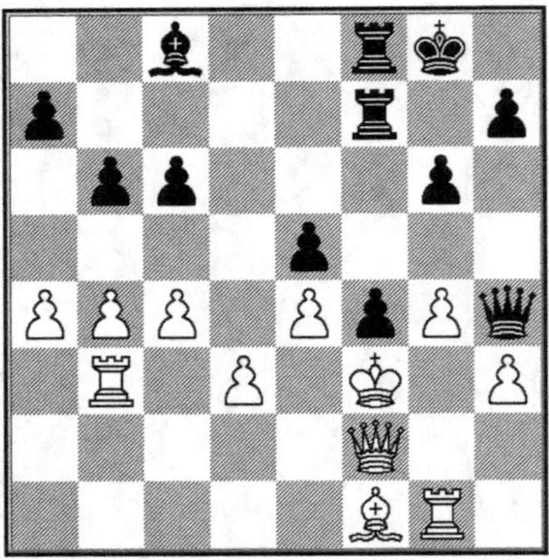

De que forma enérgica as pretas podem inclinar o jogo a seu favor?

71 - Jogam as brancas ★★

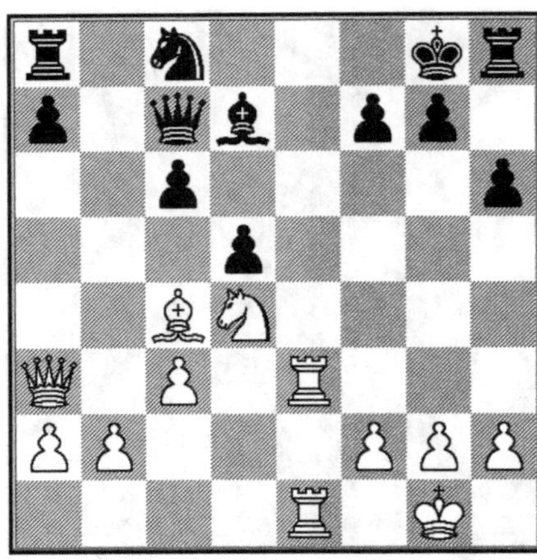

Consegue encontrar, nesta posição clássica, uma sequência tática forçada e vitoriosa?

70 - Jogam as pretas ★★

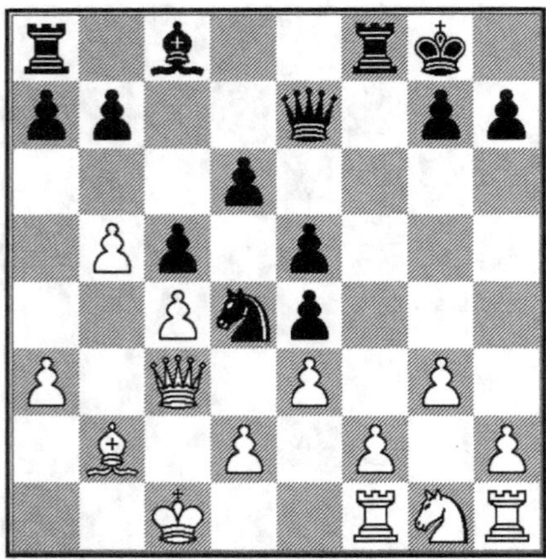

de que forma as pretas podem explorar um defeito estrutural no campo das brancas?

72 - Jogam as brancas ★★

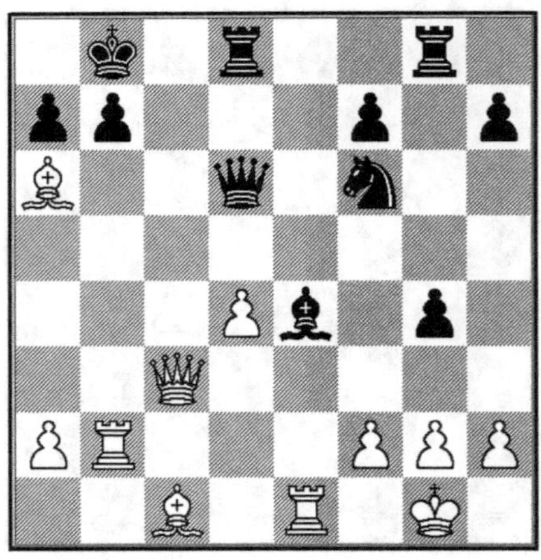

As brancas podem executar um ataque ao rei das pretas, com base em um cálculo preciso. Como?

3 - Cálculo de variantes

73 - Jogam as pretas  ★ ★

A superioridade material das brancas é avassaladora, mas o peão h3 é um espinho em sua garganta. Ideias?

75 - Jogam as brancas  ★ ★

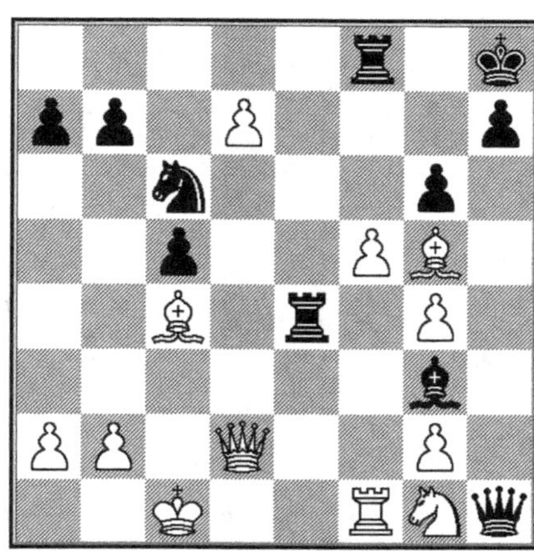

A tentação da última casa é imparável, mas tenha em mente, entre outras coisas, que o bispo em c4 está sob ataque.

74 - Jogam as brancas  ★ ★

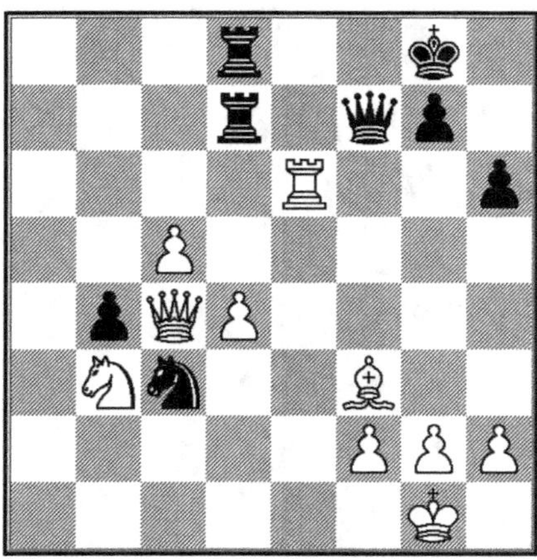

Com que golpe forte (e linhas) as brancas resolvem as poucas dúvidas que podem existir sobre sua vantagem?

76 - Jogam as brancas  ★ ★

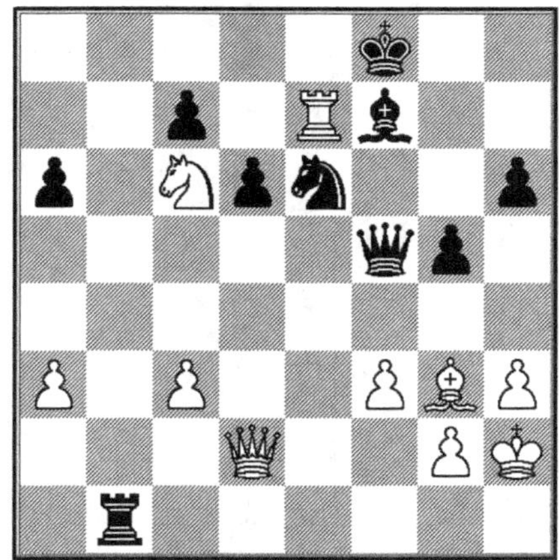

O rei das pretas não está bem protegido e as peças brancas podem lançar um ataque decisivo. Como?

3 - Cálculo de variantes

77 - Jogam as brancas ★★

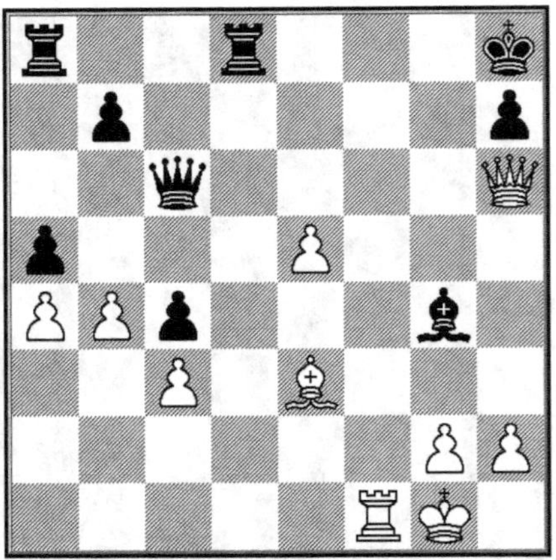

A posição "aérea" do rei das pretas permite que as brancas tenham uma continuação vencedora. Qual?

79 - Jogam as brancas ★★

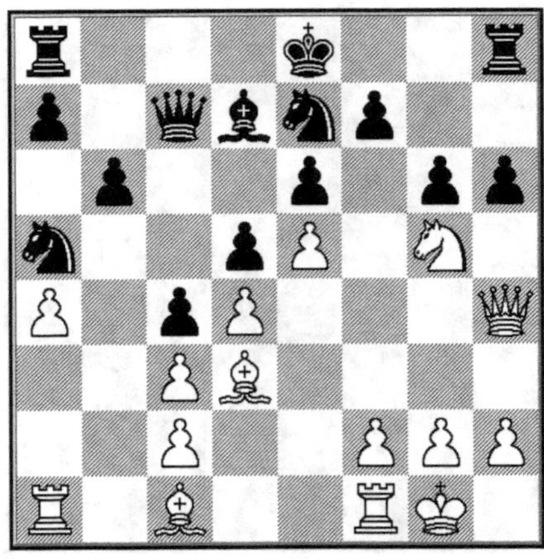

Um belo arremate se produziu nesta partida do Campeonato Universitário Espanhol. O que propõe?

78 - Jogam as brancas ★★

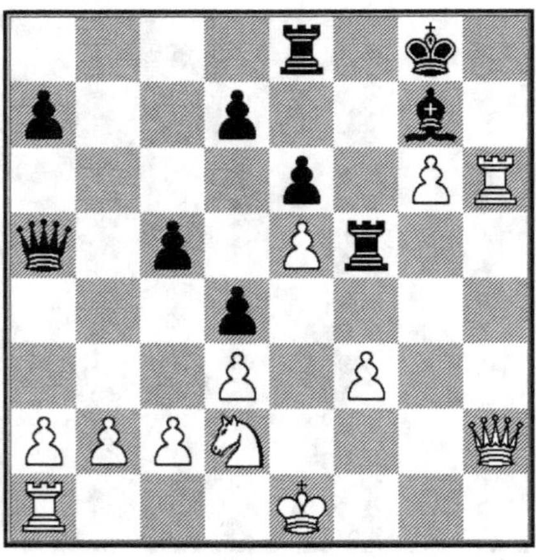

Se captar a ideia básica, resolverá o procedimento facilmente. Mas há um detalhe importante.

80 - Jogam as pretas ★★

As pretas têm material omprometido, mas... as brancas comprometeram seu rei! Que joga?

3 - Cálculo de variantes

81 - Jogam as pretas ★★

As quatro peças pretas estão muito bem coordenadas para lançar um ataque ao rei adversário. Como fazê-lo?

83 - Jogam as brancas ★★

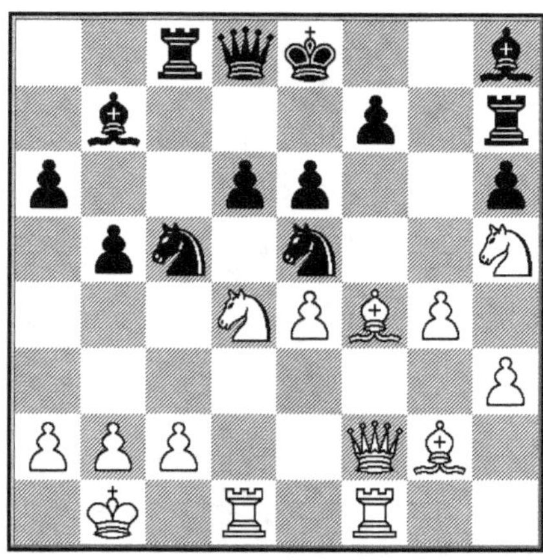

As brancas jogaram 20.♗g3?!, e acabaram vencendo. Mas dispunham de outro lance mais rápido e eficaz. Qual?

82 - Jogam as brancas ★★

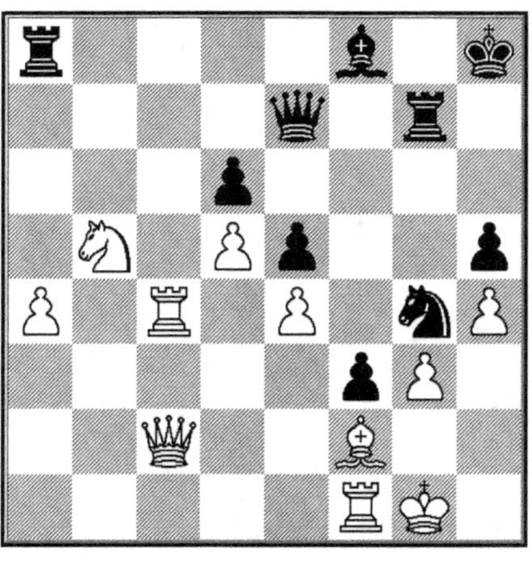

Qual é o golpe que garante a vantagem decisiva das pretas? Apoie-o com uma linha de jogo.

84 - Jogam as brancas ★★

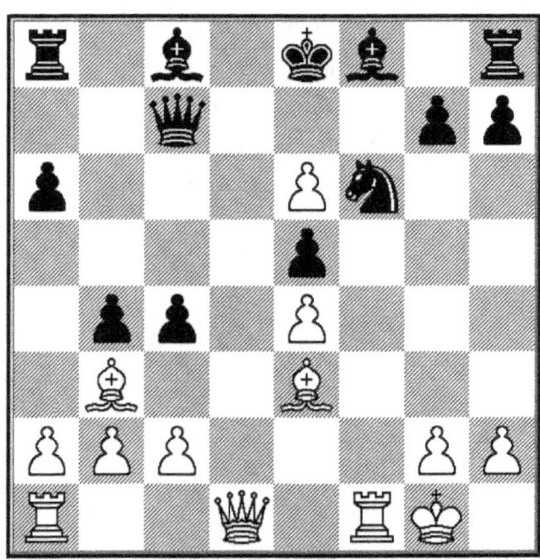

Graças ao subdesenvolvimento de seu rival, as brancas têm duas continuações vitoriosas. Identifique ambas.

3 - Cálculo de variantes

85 - Jogam as pretas ★★

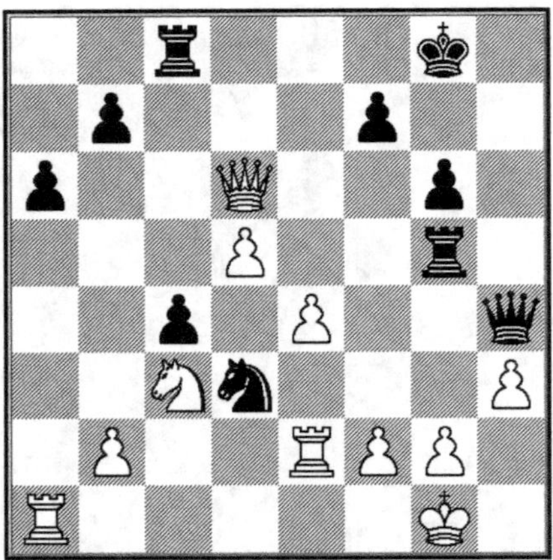

O cavalo preto é um incômodo, mas o forte peão passado branco também o é. Acredita que as pretas possam vencer?

87 - Jogam as pretas ★★

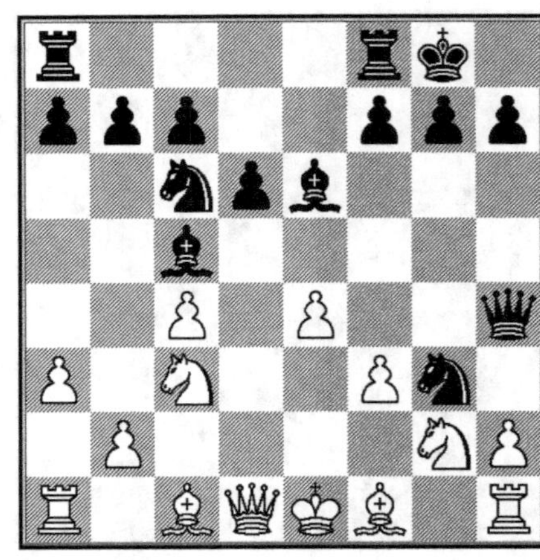

A posição branca apresenta danos estruturais irreparáveis, mas mostrá-los a curto prazo é um problema.

86 - Jogam as brancas ★★

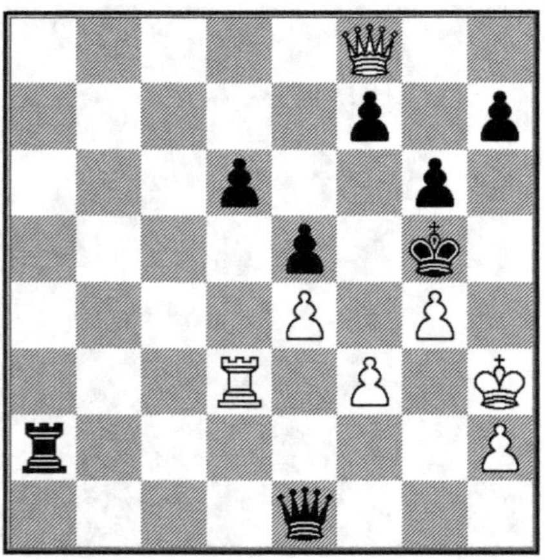

Os dois reis estão em perigo, mas há um fator essencial favorável às brancas: a turno de jogo!

88 - Jogam as brancas ★★

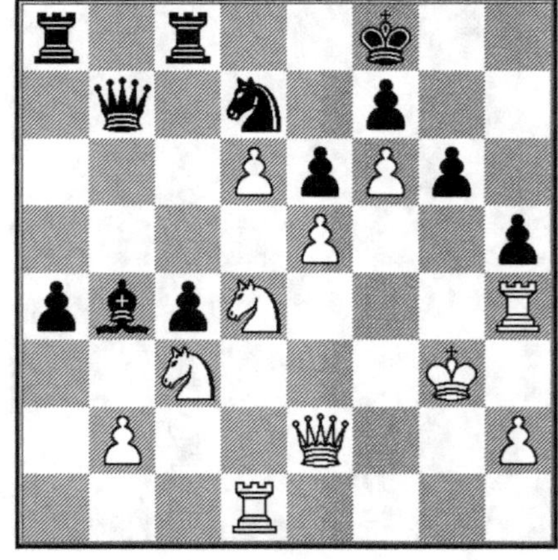

Os peões incrustados no campo adversário constituem uma tremenda ameaça. Permanece o pequeno detalhe de como penetrar.

3 - Cálculo de variantes

89 - Jogam as pretas 

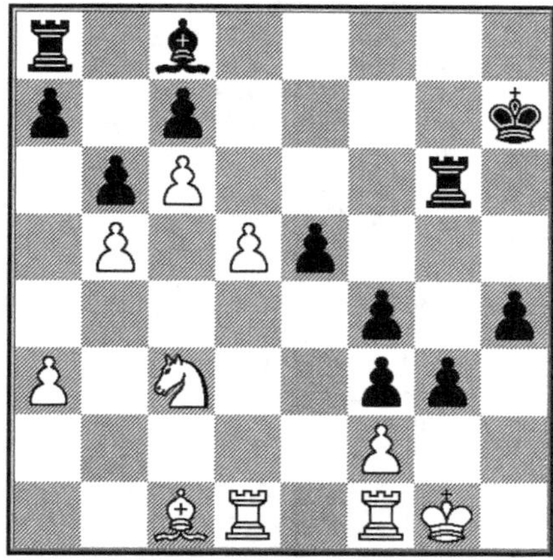

A massa de peões pretos é impressionante, mas não se esqueça que as brancas têm uma vantagem de peça. Ganhe!

91 - Jogam as brancas 

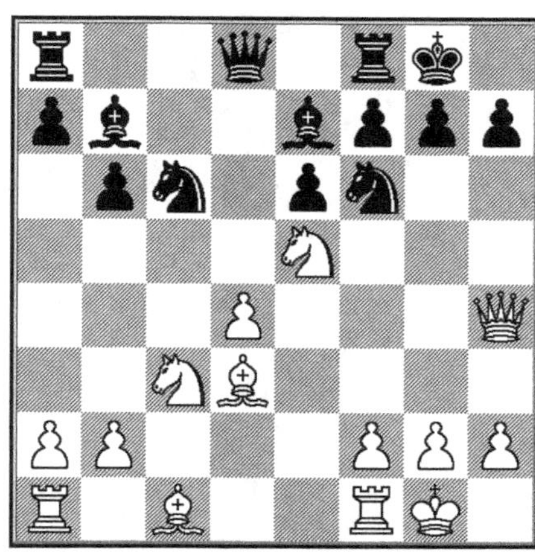

As pretas jogaram 13...♞c6?. Como as brancas refutaram esse lance, que parece tão natural?

90 - Jogam as brancas 

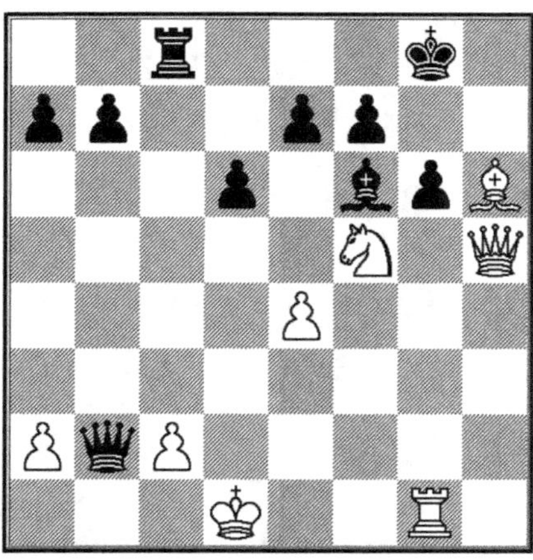

O que você acha de ♛×g6 +? Contenos o resultado dos seus cálculos, com linhas concretas.

92 - Jogam as pretas 

As brancas, com vantagem de três peões, acabam de jogar ♗e7, mas a constelação de peças pretas passa no teste.

3 - Cálculo de variantes

93 - Jogam as brancas ★ ★

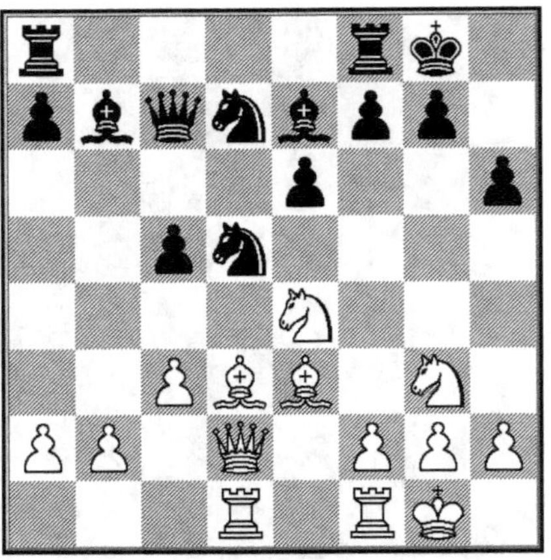

O último lance (...♘d5) cria um déficit momentâneo na proporção de assalto (peças de ataque vs defesa). Tome uma atitude!

95 - Jogam as brancas ★ ★

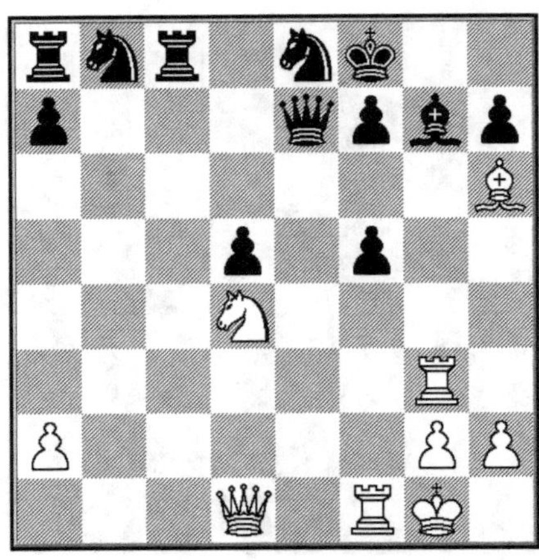

As pretas têm uma vantagem material considerável, mas o objetivo não é recuperá-la, mas vencer!

94 - Jogam as brancas ★ ★

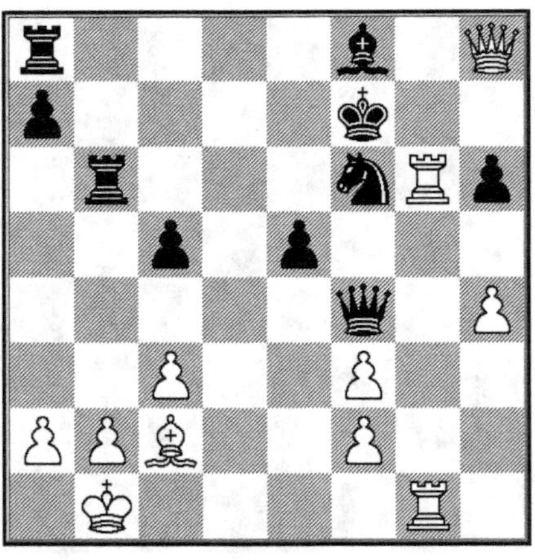

Com suas peças pesadas no campo do adversário, as brancas estão em posição de lançar o ataque final. Como?

96 - Jogam as brancas ★ ★

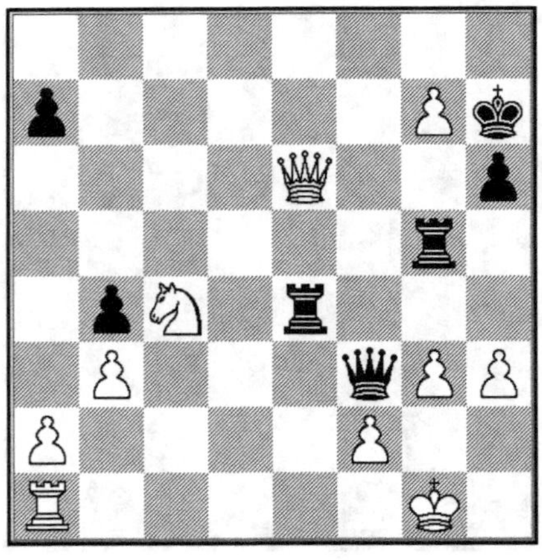

O branco têm duas opções principais aqui: 36.♕d6 e 36.♘e5, que você terá que analisar cuidadosamente.

3 - Cálculo de variantes

97 - Jogam as brancas ★★★

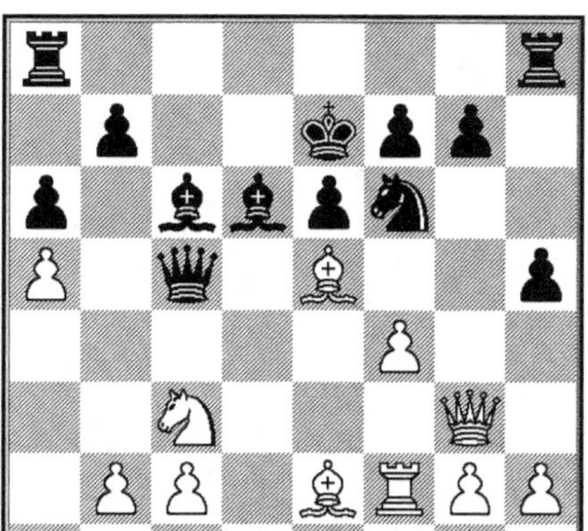

Embora a posição das pretas pareça compacta, seu rei está exposto e as brancas encontram uma continuação decisiva.

99 - Jogam as brancas ★★★

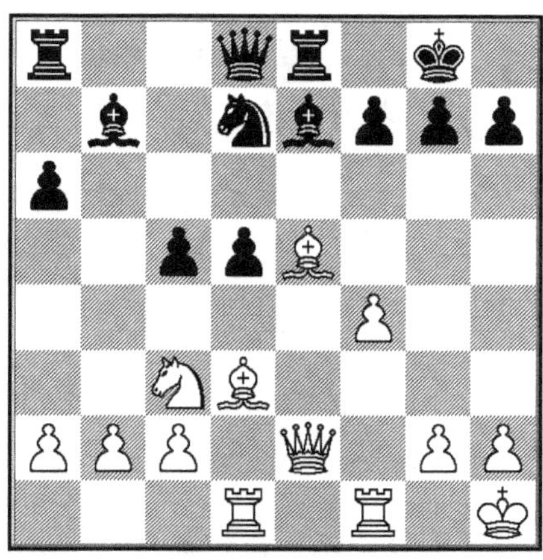

O sacrifício do bispo em **h7** significa algo para você? Ou talvez até dos dois bispos? Por que não dá uma olhada?

98 - Jogam as brancas ★★★

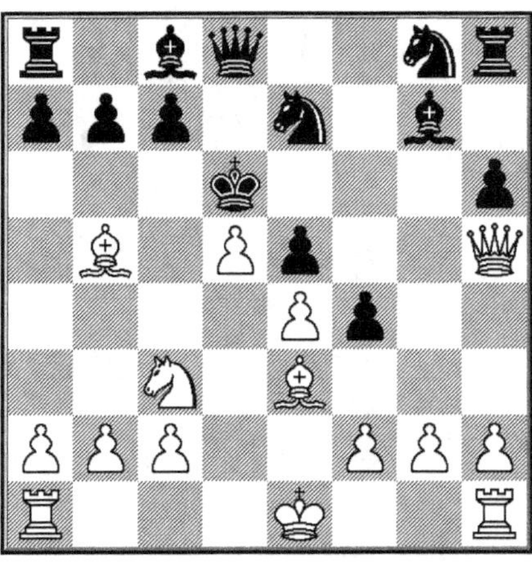

É claro que a situação exposta do rei das pretas é decisiva, mas você poderia calcular até o mate?

100 - Jogam as brancas ★★★

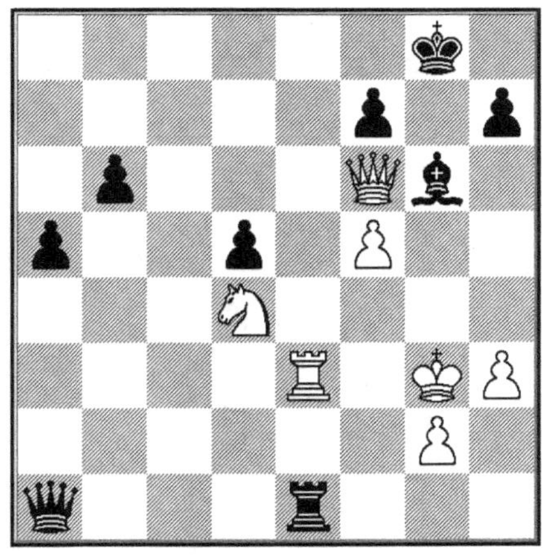

Morozevich, o maior gênio tático vivo, não viu aqui um arremate fantástico. Você quer tentar?

3 - Cálculo de variantes

101 - Jogam as pretas ★★★

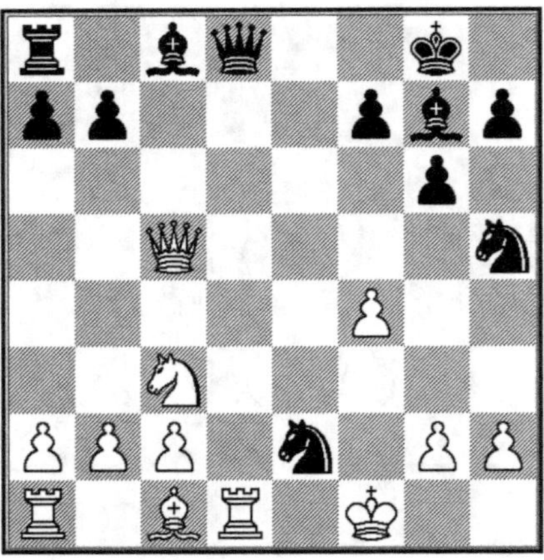

Um grande mestre é derrotado em toda linha por um jogador não titulado. Qual é a sequência vencedora?

103 - Jogam as brancas ★★★

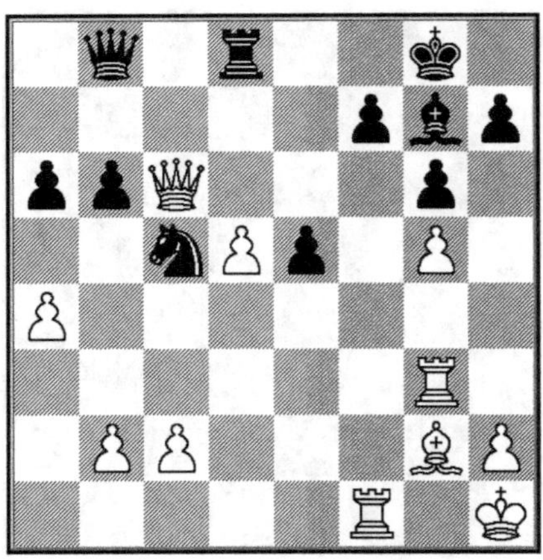

Qual é a continuação decisiva? Observe que as pretas ameaçam ganhar a dama com ...♖c8 ou ...♖d6.

102 - Jogam as brancas ★★★

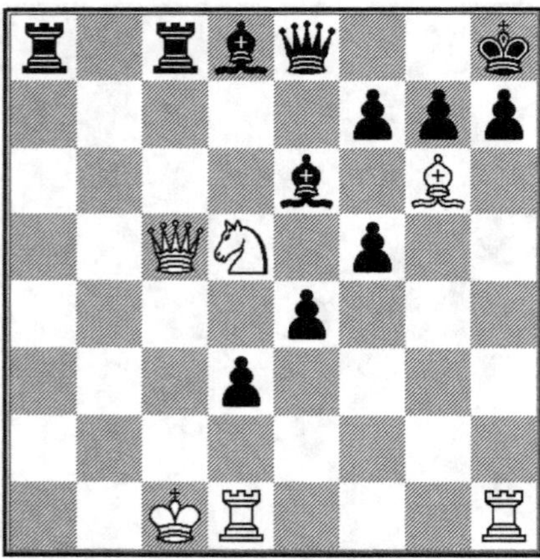

Esta posição composta é um *divertimento* tático e, ao mesmo tempo, um excelente exercício de cálculo: mate em 16.

104 - Jogam as brancas ★★★

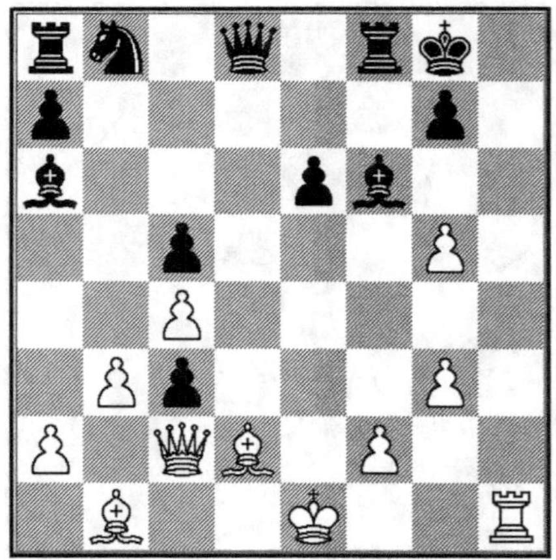

As brancas jogaram 20.♗f4 e venceram. Mas havia um arremate mais direto. Pode identificá-lo?

3 - Cálculo de variantes

105 - Jogam as brancas 

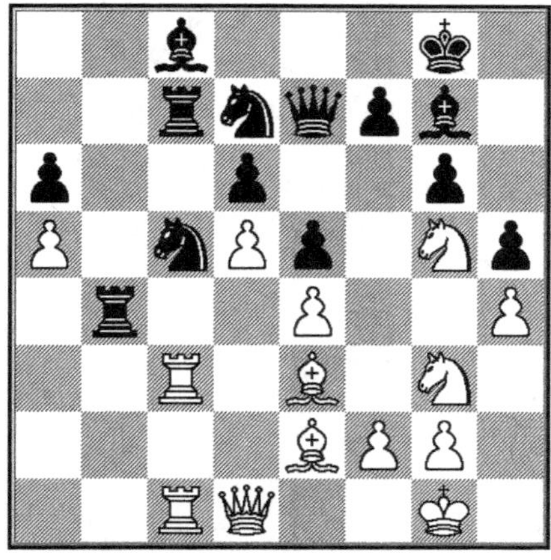

As brancas tê em uma excelente posição para pensar no ataque. Você terá que ser ousado e completo em seus cálculos.

107 - Jogam as pretas 

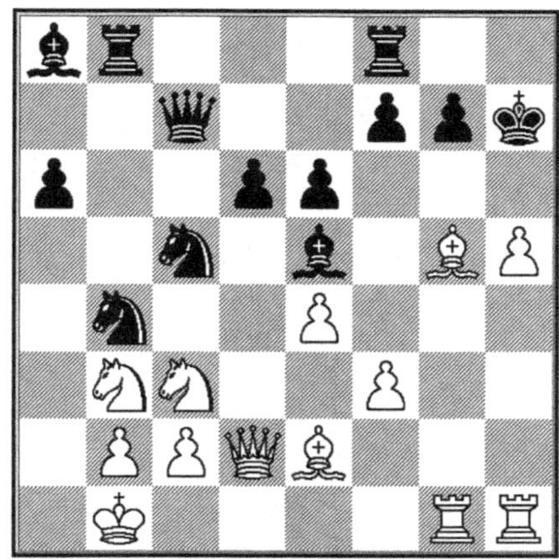

A mão de *don dios* deve conduzi-lo nesta selva, na qual os dois monarcas estão bastante expostos.

106 - Jogam as brancas 

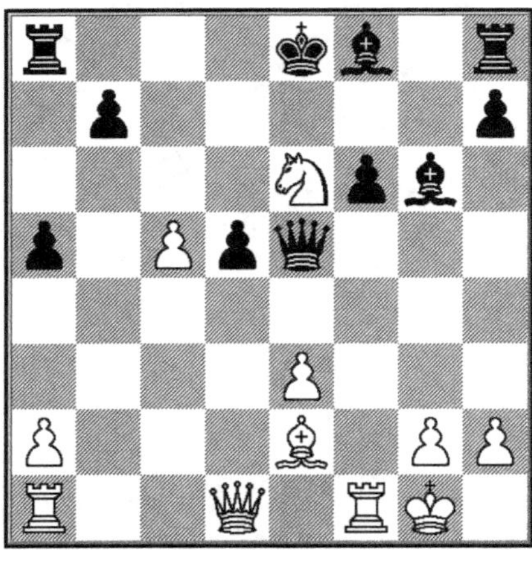

Há muitas opções aqui (♕×d5, ♗b5+, ♘d4, ♘f4, etc.). Por qual se inclinaria?

108 - Jogam as brancas 

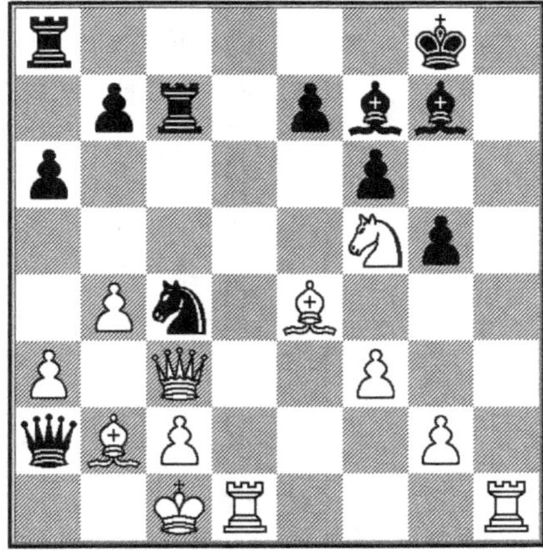

As pretas jogaram 28...♖c8–c7 e terão uma grande surpresa. Qual? Analise as possíveis defesas.

3 - Cálculo de variantes

109 - Jogam as pretas ★★★

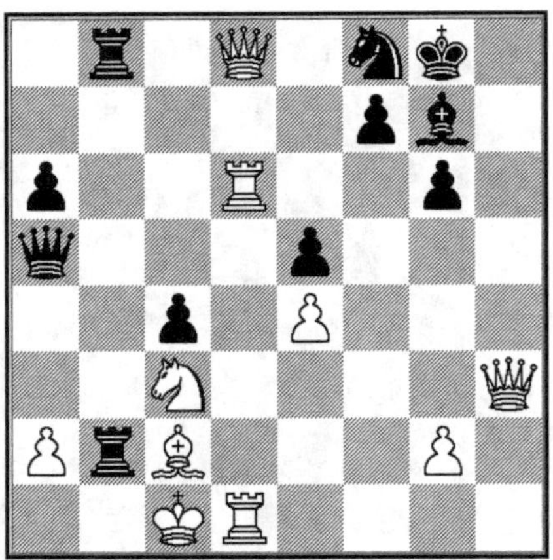

As brancas acabaram de jogar 29.d8♕. Com o próximo lance das pretas, inúmeras variantes são criadas na posição.

111 - Jogam as brancas ★★★

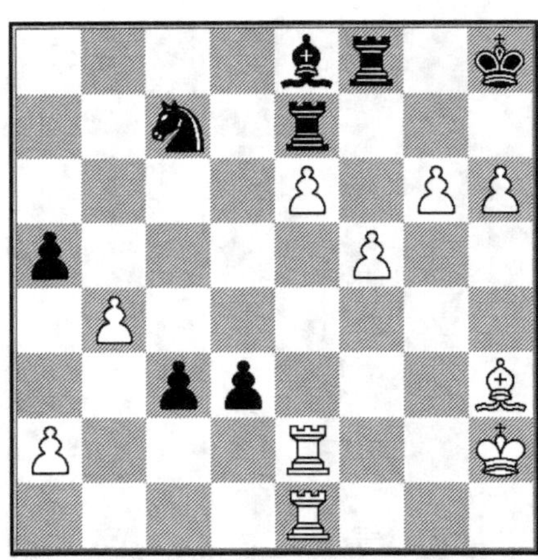

Uma posição tão heterogênea, com peões passados em ambos os lados, requer muitos cálculos. O que acha?

110 - Jogam as brancas ★★★

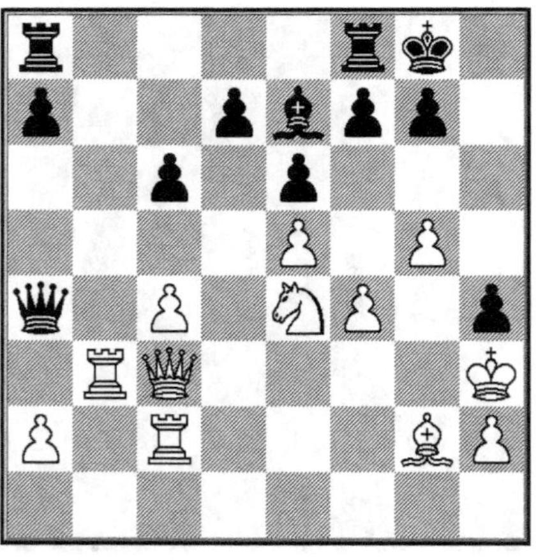

Não é muito difícil compreender a ideia essencial, mas superar todas as defesas é outra coisa.

112 - Jogam as brancas ★★★

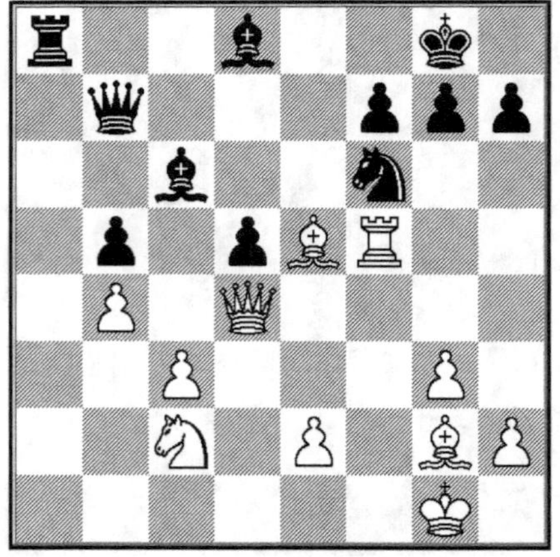

As brancas empreendem aqui uma manobra espantosa, digna de um privilegiado... com um grama de loucura!

4 - Estudos

113 - Jogam as brancas ★★

A introdução a quase todos os estudos poderia ser "é possível que ...?" Neste, somos guiados pela mão do mago Lommer.

115 - Jogam as brancas ★★

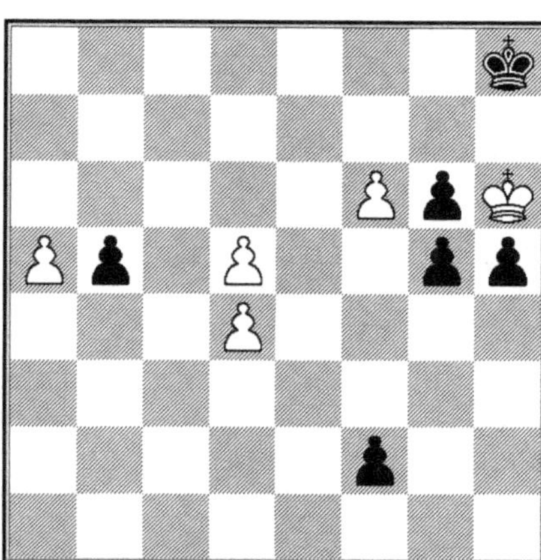

Tropas de infantaria estimuladas por uma força cósmica! Encontre a solução certa.

114 - Jogam as brancas ★★

As combinações geométricas são a chave deste estudo, que as pretas também ganham se tiverem a vez (duas soluções).

116 - Jogam as brancas ★★

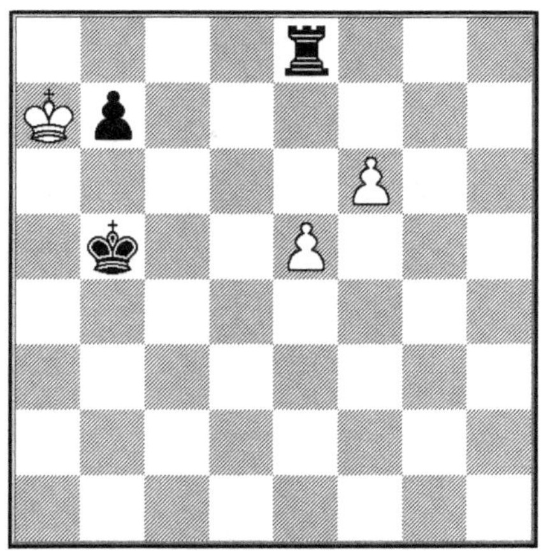

O primeiro lance é 1.f7. É possível que as aqui pretas possam empatar?

4 - Estudos

117 - Jogam as brancas ★★

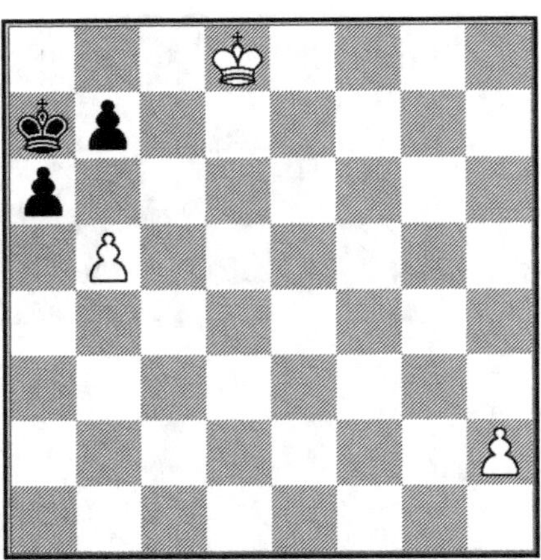

Pense que a corrida entre os peões h e b (após ...a×b5) termina em empate. Como você vence?

119 - Jogam as brancas ★★

Um peão na sétima é muito peão, mas ... cuidado com os entusiasmos repentinos!

118 - Jogam as brancas ★★

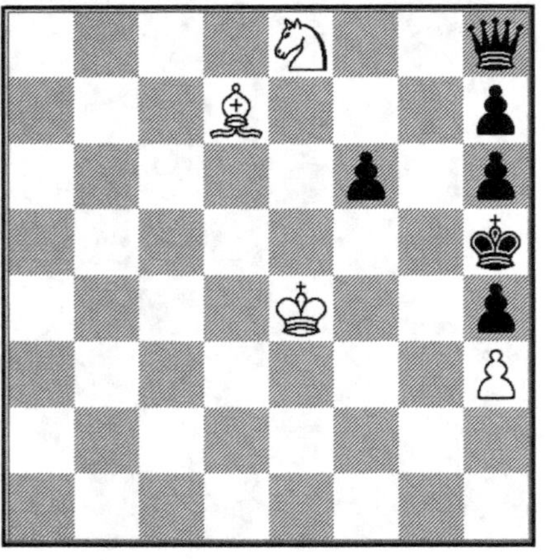

Podem duas peças menores com uma dama? Ah, mas o rei preto está enjaulado... Descubra um mate em sete.

120 - Jogam as brancas ★★

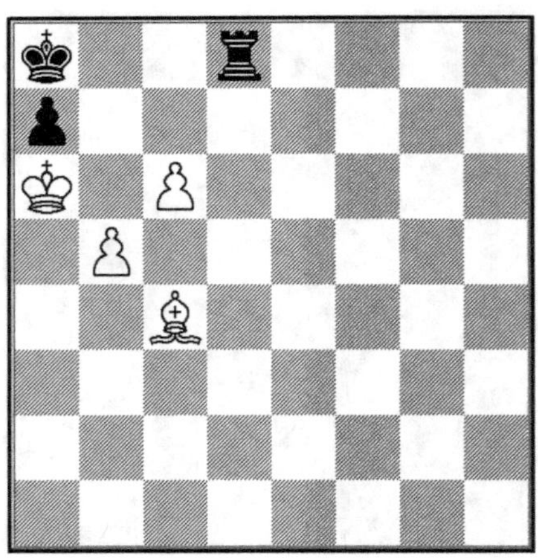

Esses artistas das composições podem tramar posições impossíveis, como esta que temos aqui. Como vence?

4 - Estudos

121 - Jogam as brancas ★ ★

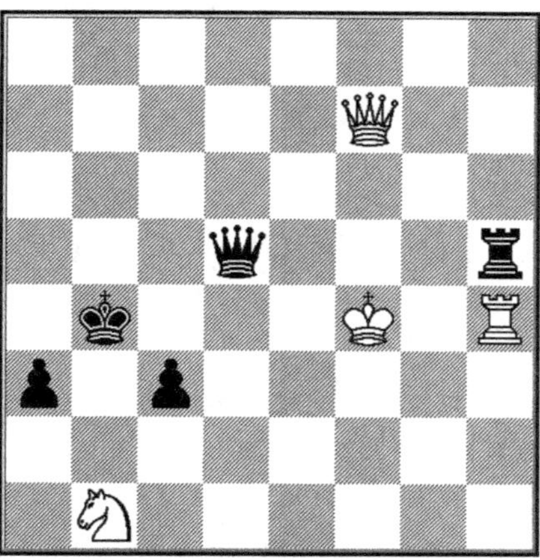

Mais uma vez, Harold Lommer demonstra como o círculo é quadrado no xadrez. Nada menos do que mate!

123 - Jogam as brancas ★ ★

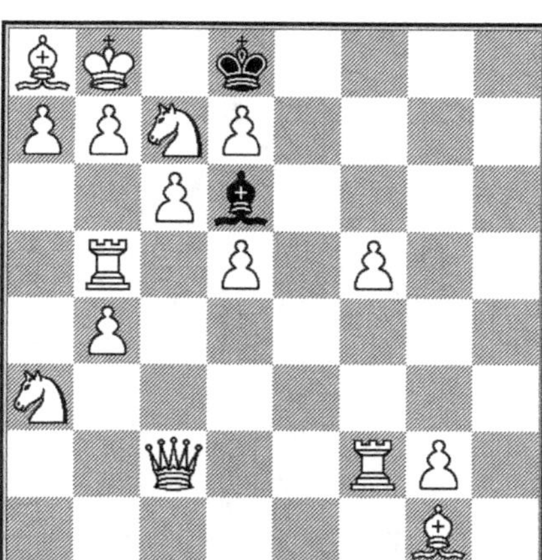

Bispo e rei lutam contra um exército inteiro. O problema é como evitar o mate. Embora bizarro, um bom exercício especulativo.

122 - Jogam as brancas ★ ★

Vista a solução, tudo parece claro, lógico e simples. Mas deve ser difícil, porque é difícil descobri-la. As brancas vencem.

124 - Jogam as brancas ★ ★

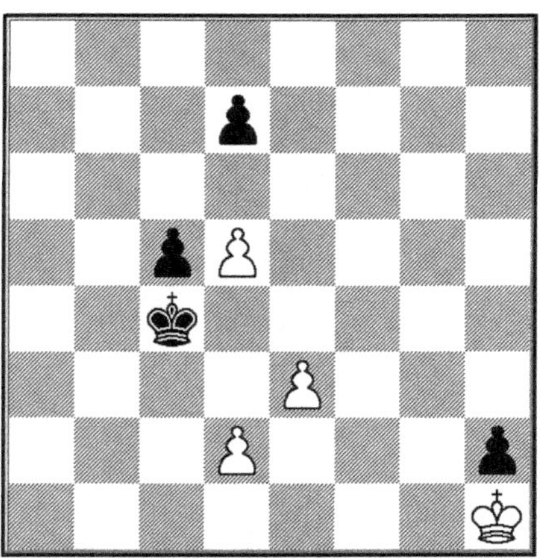

Parece inevitável que o rei das pretas ganhe o peão de **d2** e coroe o seu de **c5**. No entanto, as brancas empatam.

4 - Estudos

125 - Jogam as brancas ★★★

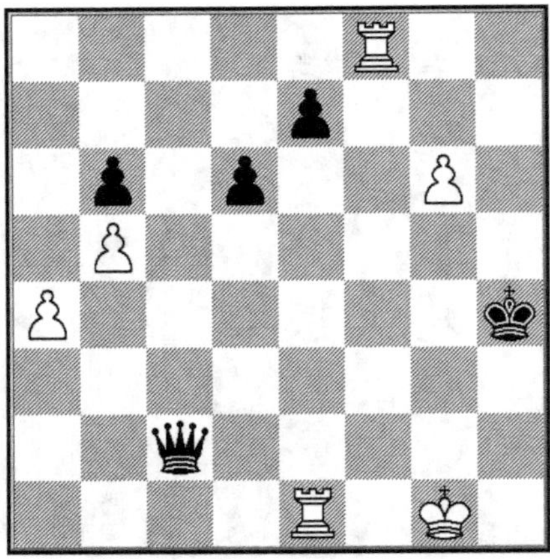

Esta composição não é fácil, com 5º e 6º lances difíceis de encontrar. Mas as brancas vencem.

127 - Jogam as brancas ★★★

Com o peão a7 controlado e o seu próprio peão a impulsionado por ambas as torres, parece difícil para as brancas vencerem.

126 - Jogam as brancas ★★★

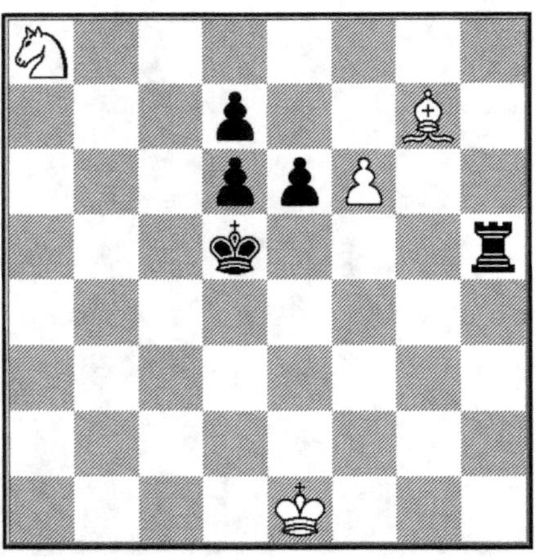

Como é habitual nos estúdos, o compositor aqui explora a geometria do tabuleiro com precisão. As brancas vencem.

128 - Jogam as brancas ★★★

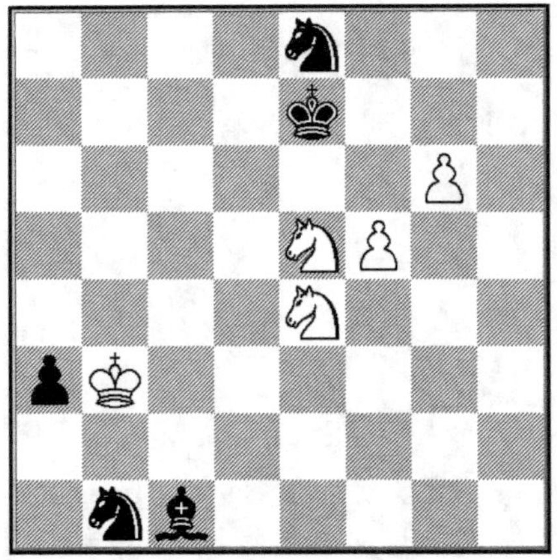

As pretas têm as casas f6 e g7 bloqueadas e uma peça de vantagem! Porém, com uma excelente manobra, as brancas vencem.

Soluções

1 - Problemas de mate

1. **1...♖g2!** (ameaça 2...g5++) **2.♗×g7 ♖×a7** (0–1). Mestrivici-Minici, Romênia, 1967.

2. **1.♖h1!** (não 1.♖g1??, afogado) **1... ♕g5 2.h4++**. Problema de Carlos Fornasari.

3. **1.♖×e7!** (1–0). Se 1...♖×e7, 2.♕c8+! ♔×8 3.♖×c8+ ♖e8 4.♖×e8++. Gu Xiaobing-Liu Pei, Mundial Juvenil Feminino, 2005.

4. **25.♔d3? ♕×d5+ 26.♘×d5 ♘×d5++**. Petursson-Gufeld, Hastings, 1986-87. O GM Gufeld apresentou essa posição a muitos colegas seus, que não descobriram esta simples solução. A troca das damas, que parece antinatural, é a chave.

5. **1...♖e1! 2.♔×e1** (2.g3 ♖×d1 3.♔g2 ♗g1; 2.♘b3 ♖f1+ 3.♔e3 ♖×d1; 2.♗b3 ♖e2+ 3.♔f1 ♗g3! 4.♔g1 ♖e1+ 5.♘f1 ♖×f1++) **2... ♗g3++**. Um belo mate cruzado dos dois bispos. Mross-Bialas, Berlim, 1954.

6. **1...♖×h2+! 2.♔×h2 ♖h5+ 3.♔g1 ♖h1+! 4.♔×h1 ♕h3+ 5.♔g1 ♕g2++**. Grabov-Kunde, Alemanha Oriental, 1968.

7. Trata-se de uma composição composta: **1.♕e6!!** (interceptação; outros lances não servem) **1...♗×e6** (1... ♘×e6 2.♘f5+ ♔g8 3.♘e7++; 1... ♖×e6 2.♘hg6+ ♔g8 3.♖h8++)

2.♘f5+ ♔g8 3.♘e7++. Problema de Sam Loyd, 1868.

8. **1.f6! e×f6** (1...e×d6 2.♖a1 g5 3.♔f5 g4 4.♖h1++; 1...g5 2.♘f5+ ♔g6 3.f×e7+ f6 4.e8♕++) **2.e5 ♔g7** (2...g5 3.♘f5+ ♔g6 4.♖×f6++) **3.e×f6+ ♔×f6** (3...♔h6 4.♘×f7++) **4.♘f5++**. Problema de A. Anderssen.

9. **1...♖g1+! 2.♔×g1 ♕e1+ 3.♔g2 ♕f1+!! 4.♔×f1 ♗h3+ 5.♔g1 ♖e1++**. Posição didática.

10. **1...♖h5+!! 2.♔×h5 ♕h3+ 3.♔g5 h6+ 4.♔f4 g5+ 5.♔e5 ♕e6++**. Kambelly-Maróczy, Correspondência, 1898.

11. **1.e6! f×e6** (1...♘e5 2.♗×e5 d×e5 3.♘×e5 ♕×e6 4.♘d3; 1...♗g5 2.e×f7 ♖gf8 3.♕g3 ♗f6 4.♖e8!) **2.♘f4! ♘f8 3.♕×h7+!!** (1–0). 3...♔×h7 (3... ♘×h7 4.♘g6++) **4.♖h3+ ♗h4 5.♖×h4++**. Q.Moreno-Van Wely, Villarrobledo (rápidas), 2006.

12. **1...♖×c3!! 2.♕×c3 ♕g8!** (0–1). As brancas não podem parar a ameaça de mate (em g2) sem deslocar uma das suas peças. Se a dama se colocar na segunda fileira, ...♕g3++, e se 3.♖g1, então 3...♕a2+ e mate. Holzke-Lyell, Amsterdam, 2005.

13. **1...♖d1!! 2.♗×b7+** 82.♕×b5?? ♗×f2+ 3.♔h2 ♖h8++) **2...♔b8 3.c4?** (3.♖b×d1 ♕×b2 4.♗a6 ♗c5; 3.♖f×d1?? ♗×f2+ 4.♔h2 ♖h8++) **3... ♖×f2!! 4.♕×b5 ♖f×f1+ 5.♔h2 ♖h1++**. Aficionado-Rossolimo, Paris, 1944.

14. 22...♖d6! 23.♘xc6+ (23.♔xg4 ♖h4+! 24.gxh4 ♕f4+ 25.♔h3 ♕f5+ 26.♔g2 ♖d2+ e mate em três) 23... ♖xc6 24.♖d1 ♖f6+ 25.♔e4 (25.♔xg4 ♖f4+ 26.gxf4 ♕xf4++) 25...♕g5 26.♗g2 ♕f5+ 27.♔d5 ♖c8 (havia mate em quatro: 27...♗c3+ 28.♔c4 ♖c8+ 29.♗c6 ♖fxc6+ 30.♗c5 ♖xc5++) 28.♗c5 ♗xb2+ (melhor 28...♗c3+ 29.♔c4 ♖xc5++) (0-1). Volkov-Gagunashvili, Dubai, 8.4.2005.

15. 1...e3!! 2.♕h6 (2.♘g4 ♕xg4! 3.hxg4 ♗c4; 2.b4 ♕xc3+ 3.♔d1 ♕d2++) 2...♕h4+!! 3.♖xh4 (3.♗xh4) 3...♗c4 (3...♗d5, 3...♗e6) 4.♘b3 ♗xb3 e mate em dois. 4...♗xb3 5.♕xh7+ ♔xh7 e segue 6...♖a1++. Problema de Raymond Allen.

16. 25.♕g4!! ♕xd5 26.♗xg7 ♕d3+ 27.♔a1 ♘e5 (a única defesa para prolongar a luta alguns lances seria 27... ♕xf5 28.♕xf5 ♗g7 29.h6 +-) 28.♘e7+! ♔xh7 29.♕g6+!! fxg6 30.hxg6+ ♔g7 31.♖h7++. Milman-Fang, Connecticut, 2005.

2 - Finais Práticos

17. 76.♕xg7+!! ♔xg7 77.♘xf5+ gxf5. Afogado. Hjartarson-Popovic, Belgrado, 1987.

18. 1...♔d6! 2.♔c2 ♔c5 3.♔b2 ♖a5 4.♖b7 c6 5.a7 cxb5. Empate. Starck-Kinn, Berlim, 1972.

19. 1.♖g8! ♖xg8 2.hxg8♗! (mas não 2.hxg8♕?, nem 2.hxg8♖?, afogado) (1-0). McShane-Wilhelmi, Lippstadt, 1998.

20. 1...♖xc7! 2.♖xb4 ♖ac8, com a dupla ameaça de mate en c1 e 3...axb4 (0-1). Tuk-Assenova, Lublin, 1969.

21. 1.♘h4! g3 2.♘g6+ ♔g8 3.♔g5! gxh2+ 4.♔h6 ♖xg6+ 5.♔xg6, com a ameaça 6.♖b8++, e as brancas vencem (1-0). L.Bronstein-Schweber, Buenos Aires, 1969.

22. 64...♘xf7+ 65.gxf7 ♔xh7 66.f8♖! (não 66.f8♕?, afogado) (1-0). Matulovic-Malich, Olimpíada de Lugano, 26.10.1968.

23. 1.f6! ♖g8 (1...gxf6 2.g7+ ♔g8 3.gxf8♕+ ♔xf8 4.♔g6; 1...b2 2.fxg7+ ♔g8 3.gxf8♕+ ♔xf8 4.g7+ ♔g8 5.♔g6 b1♕ 6.♖a8+) 2.♖f7! d2 3.fxg7+ ♖xg7 4.♔xh6 d1♕ 5.♖f8+ ♖g8 6.g7++. Estudo de Selesniev.

24. 1.♔g6! ♔e3 2.♔f5! ♔xe2 (2... a5 3.f4 ♔xe2) 3.♔e4 a5 4.f4 a4 5.♔d4 a3 (5...♔d2 6.♔c4 a3 7.♔b3) 6.♔c3 (1-0). Posição didática.

25. Na partida Kozul-Glavas, Bihac, 1999, as brancas venceram após 1...♘xd4? 2.♖xd4 ♔c5 3.♖d1 d4 4.♔c7!. As pretas poderiam construir uma fortaleza com 1...♔e7! 2.♔b7 ♔d7 3.♖h5 ♔d6 4.♖h6 ♔d7, e as brancas não conseguiriam progredir. Empate.

26. Na partida Shamkovich-Spassky, 29º Campeonato da URSS (Bakú, 1961), seguiu 56...♗b7? 57.h5 ♔e5 58.b4 ♔f5 59.♔xe3 ♗c6 60.♔d4 ♔f6 61.h6 ♔g6 62.♔e5 (1-0). As pretas poderiam empatar com 56...♗a8! 57.h5 ♔e5 58.♔xe3 ♔f5 59.♔d4 ♔g5 60.♔e5 ♔xh5 61.b4 ♔g6 62.♔e6 c6 63.♔d7 ♔f7 64.♔c7 ♔e7 65.♔b8 ♔d7 66.♔xa8 ♔c7!.

27. 1.♖e7!! ♗xd7 2.♖xd7 ♘c5+ (2...♔c6 3.♖d1) 3.♔f5! ♘xd7 4.e6

♔c8 5.e7 (1–0). Lemaire-Aficcionado, Bruxelas, 1967.

28. **1.g7! ♖×f6 2.♗h5!** (a torre das pretas torna-se inútil) **2...♗c4 3.♔e1 a4 4.♔d2 a3 5.♔c3** (1–0). Se 5...♗b5 6.♔b3 ♗c4+ 7.♔×a3, como a torre das pretas não pode jogar em h6 devido a ♗f7+ e g8♕+, o rei das brancas ameaça capturá-la de e7. Se 5...a2 (5...h6 6.♔c2 ♗a2 7.♖g3 ♗c4 8.♔e3), 6.♔b2. Toth-Faragó, Hungria, 1971.

29. **1...♖c7+ 2.♔g8 ♖c8+ 3.♔g7 ♖h8!** **4.♔×h8** (4.h3 ♔e7 5.h4 ♔e8 6.h5 ♔e7 7.h6 ♔e8 8.♔f6 ♖×h7 9.♔g6 ♖h8 10.♔g7 ♖f8! 11.h7 ♖h8!) **4...♔f7!** (0–1). O rei das pretas pendula entre f7 e f8, até que as brancas se vejam obrigadas a jogar b4 (b3), com posição perdida. Pachman-Welling, Holanda (simultâneas), 1973.

30. **1.♔h7!** (1.g8♕+ ♘×g8 2.♔×g8 f5 e empate; 1.f3 f6! 2.f4+ ♔g6 3.g4 f5! 4.g5 ♘f7+ 5.♔g8 ♘d8! =) **1...♔h5 2.f3!** (2.g4+? ♘×g4 3.g8♕ ♘f6+ =) **2...f5 3.f4 ♘g4 4.g8♘!** (1–0). *Zugzwang*. A qualquer lance do cavalo das pretas segue ♘f6++. Estudio de Tacu e Jaita, Romênia, 1958.

31. A dama deve bloquear os peões, enquanto o seu rei se aproxima para arrematar a luta. **1.♔b1** (também serve 1.♕h1 g3 2.♕f3) **1...♔g3** (1...h2 2.♕g2 g3 3.♕f3 +–; 1...f3 2.♕b8 f2 3.♕f4 +–; 1...g3 2.♕h8+ ♔g4 3.♕c8+ ♔h4 4.♕f5 h2 5.♕×f4+ ♔h3 6.♕f3 +–) **2.♕h1! h2 3.♔c2 f3 4.♔d2 ♔h3 5.♕f1+ ♔g3 6.♔e3** (1–0). Final teórico de J.Berger (1914).

32. **75.d7! ♘×d7 76.f6! b5** (76...♘×f6 77.♔f5 b5 78.♗×e5 ♘d7 79.♗d4 +–) **77.♗d6 ♘×f6 78.♔f5 ♘d7 79.♗×e5 b4** (79...♘×e5 80.♔×e5 b4 81.♔d4 +–) **80.♗d4 b3 81.e5 ♘f8 82.e6+ ♔e7 83.♗f6+ ♔e8 84.d6 ♘d7 85.♗d4!** (85.e×d7+? ♔×d7 86.♗e5 b2 =) **85...♘b8 86.♔f6 ♔f8** (86...♘d7+ 87.e×d7+ ♔×d7 88.♔e5 +–) **87.d7 ♘c6 88.e7+** (1–0). Y.Marrero-Peptan, Olimpíada de Calviá, 27.10.2004.

33. **1...♖d3! 2.♔c2** (2.♖e7+? ♔f8) **2...♖d4 3.♗b6 ♖×g4** (–+) **4.♖e7+ ♔g8** (4...♔h6!) **5.♖a7** (5.♖d7 h3 6.♖d2 ♖f4) **5...h3 6.♖a8+ ♔g7 7.♖a7+ ♔h6 8.♖a8** (8.♗c5?? ♖c4+ y 9...♖×c5) **8...♔g7 9.♖a7+ ♔h6 10.♖a8 ♖g2+ 11.♔d3 ♔h5 12.♖h8+ ♔g4 13.♗d8 h2** (0–1). Petursson-Nunn, Londres, 1994.

34. **1...♖×e4! 2.♖f7+** (única; 2.♔×e4 c2 3.♖f1 ♗d2 –+) **2...♔c8 3.♔×e4 c2 4.♖f8+ ♔d7 5.♖f7+ ♔d6** (5...♔e6?? 6.♖c7 +–) **6.♖f6+ ♔c5 7.♖f8 ♗c3!** (0–1). Cerdá-W.Arencibia, Buenos Aires, 2005.

35. **1.d6 ♖×e3+ 2.♔d4 ♖e1** (2...♖×g3 3.d7 ♖g1 4.♖a3 +–; 2...♖e8 3.d7 ♖d8 4.♔e5 f4 5.g4 +–; 2...♖e4+ 3.♔d5 ♔f6 4.♖a8! +–) **3.d7 ♖d1+ 4.♔e5 ♖e1+ 5.♔d6 ♖d1+ 6.♔c7 ♖c1+ 7.♔b8** (7.♔d8? ♔h5 8.♖a5 ♔g4 9.♔e7 ♖c7 =) **7...♖d1 8.♔c8?** (as brancas deixam escapar a vitória: 8.♔c7! ♖c1+ 9.♔d6 ♖d1+ 10.♔e7 ♖e1+ 11.♔f8 ♖d1 12.♖a6+ ♔h5 13.♔e7 ♖×d7+ 14.♔×d7 f4 15.g×f4 g×f4 16.♔e6 +–) **8...♔h5 9.d8♕ ♖×d8+ 10. ♔×d8 ♔g4 11.♖×g7 f4 12.g×f4 ♔×f4 13.♔e7 g4 14.♔f6 g3 15.♖g6 ♔f3 16.♔g5 g2 17.♔h4 ♔f2.** Empate. Baklan-Smikovsky, Rússia, 2006.

36. A partida Carlsen-Anand, Morelia-Linares,19.2.2007, seguiu assim: 27.♗e4? ♗×e4 28.♖×c5 ♖d1+ 29.♔e2

♖b1 30.♗c1 f3+ 31.♔d1 ♖xb3 (–+) 32.♖c4 ♗d3 33.♖c8+ ♔h7 34.e4 ♖b1 35.♔d2 ♗×e4 36.♔e3 ♗d5 37.♗d2 ♖b3+ 38.♔d4 ♖b2 39.♗e3 ♖e2 40.♖c1 ♗a2! (0–1). A melhor defesa para as brancas passava por **27.e×f4! ♖d2 28.♗g6! ♖×f2+ 29.♔e1 ♖e2+ 30.♔f1**, e as pretas devem forçar o empate por xeque perpétuo.

37. **49.♖e5!!** (o rei das brancas tem que passar da quarta fileira) **49... ♖×h4+ 50.♔g5 ♖h5+ 51.♔×g6! ♖×e5 52.f7 ♖e6+ 53.♔g5 ♖e5+ 54.♔g4 ♖e4+ 55.♔g3** (55.♔f3 ♖e1 56.♔f2 ♖b1 57.f8♕ ♖×b2+ 58.♔e3) **55... ♖e3+ 56.♔f2 a3 57.f8♕ a×b2 58.♕c8+ ♔b5 59.♕b7+ ♔a4 60.♔×e3 ♔a3 61.♕b5!** (61.♔d2? a4 62.♔c2 b1♕+ =) **61...a4 62.♕×c5+ ♔b3 63.♕b4+ ♔c2 64.♕×a4+ ♔×c3 65.♕a5+** (65.♕b5?? b1♕ 66.♕×b1 =) **65...♔c2 66.♕f5+ ♔c1 67.♕f1+** (1–0). Svidler-Topalov, Morelia-Linares, 2006.

38. Na partida Chiburdanidze-A.Maric, Belgrado, 1996, seguiu 45.♗×f5+? e×f5 46.♔×f5 ♔×h6 47.♔e6 ♘b8 48.♔d6 ♘c6 49.♔c7 ♗a8! 50.♗c5 ♔×h5 51.♔b6 ♔g4 52.♔×a6 ♔f3 53.♔×b5 ♔×e3 54.♔b6 ♘×b4, empate. Seria melhor **45.♗c2** (Beliavsky/Mikhalchishin; também parece ganhador 45.♔g5!) **45...♗a8** (45...♔×h6 46.♗d1 ♗c6 47.♗g5+ ♔h7 48.h6, seguido de ♗h5 +–) **46.e4!! d×e4** (46...f×e4 47.♗d1 ♔×h6 48.♗g4 ♗c6 49.♗g5+ ♔h7 50.♗×e6 +–) **47.♗b3 ♗d5 48.♗×d5 e×d5 49.♗d6! ♔×h6** (49...♘f6 50.♔×f5 ♘×h5 51.♔g5 +–) **50.♔×f5 ♔×h5 51.♔e6 e3 52.♗f4! e2 53.♗d2 ♘f8+ 54.♔×d5 ♔g4 55.♔c6 ♔f3 56.d5 ♔f2 57.♔b7** (+– análise de Beliavsky y Mikhalchishin).

39. **1.♔a4!** (não 1.g6?, por 1...a4+ 2.♔b2 a3+ 3.♔a3 b3+ 4.♔a1 b2+ 5.♔a2 h3 6.g7 h2 7.g8♕ b1♕+ 8.♔×b1 a2+ 9.♕×a2 ♔g1 =) **1...b3 2.♔×b3 a4+ 3.♔a3!** (3.♔×a4 h3, etc.) **3...h3 4.g6 h2 5.g7 ♔g2 6.g8♕+** (1–0). A dama se situa en g3, após uma serie de xeques (por exemplo: 6...♔f1 7.♕c4+ ♔f2 8.♕f4+ ♔g2 9.♕g4+ ♔h1 10.♕h3+ ♔g1 11.♕g3+ ♔h1), o afogado é desativado com 12.♔b4! a3, e as brancas dão mate com 13.♕f2 a2 14.♕f1++. Estudo de P.Faragó (1937).

40. **1.a4!** (1.♔f4? ♘c2 2.d5 ♘×a3 3.d6 ♘b5 4 d7 ♘d4! =) **1...♘c2 2.d5** (2.a5? ♘×d4 3.a6 ♘b5 e o controle da penúltima casa garante o empate) **2... ♘e3 3.d6** (3.a5? ♘×d5 4.a6 ♘c7 5.a7 uma exceção, pois o peão na sétima não ganha 5...♔g2 6.♔f6 ♔f3 7.♔e7 ♔e4 8.♔d7 ♘a8 9.♔c6 ♔e5 10.♔b7 ♔d6 11.♔×a8 ♔c7, afogado) **3...♘c4 4.d7 ♘e5 5.d8♘!** (não 5.d8♕?? ♘f7+) (1–0). 5...♘c4 6.♔f4 ♔g2 7.♔e4 ♔f2 8.♔d4 ♘d2 9.♔d5 ♘b3 10.♔c4 ♘d2+ 11.♔b4. Estudo de G.Nadareishvili (1965).

41. **1.c6! ♖×c6** (a qualquer outra resposta, segue ♖c3 e a4; por exemplo: 1...h×g6 2.♖c3 d5 3.a4 +–) **2.♖f8+! ♔×f8 3.g×h7 ♖c2+ 4.♔g3 ♖c3+ 5.♔g4 ♖c4+ 6.♔g5 ♖h4! 7.♔×h4 g5+ 8.♔×g5 ♔g7 9.h8♕+ ♔×h8 10.♔g6! d5 11.a4!** (1–0). 11...b×a4 12.b5 a3 13.b6 a2 14.b7 a1♕ 15.b8♕++. Estudio de Skouia e GiKe.

42. **1...♘f1!! 2.♘e2** (2.♔×f1 ♔g3 3.♘e2+ ♔×f3 –+) **2...♘e3 3.♘c1 ♘c2 4.♘d3 ♘d4 5.♘c1 ♔h3 6.♘d3 ♔h2 7.♘c1 h5 8.♘d3 ♘×b3! 9.♘×e5 d×e5** (0–1). Negrea-Ciocaltea, Sinaia, 1958.

43. 1...♕×f1+ 2.♔×f1 d2 3.♕×f3! ♖c1+ 4.♕d1!! (1–0). ♕esués de 4... ♖×d1+ 5.♔e2 ♖b1 6.d8♕ d1♕+ 7.♕×d1 ♖×d1 8.♔×d1, o final de peões está perdido para as pretas. Ermenkov-Sachs, Varsóvia, 1968.

44. 42.f4 ♗c3 43.♔h5! ♗×b4 44.♘f5+ ♔g8 45.♖a8+ ♔h7 (45... ♗f8 46.♘×h6+ ♔g7 47.♖a7 ♔h8 48.♖×f7 ♗×h6 49.♔×h6 ♔g8 50.♔g6 +– K.Müller) 46.♖a7 ♔g8 47.♘×h6+ ♔f8 48.♖×f7+ ♔e8 49.♔g6 ♗c3 (49...♖a2 50.h4 ♗c3 51.♘f5) 50.♘f5 b4 51.♖b7 ♖a2 52.h4 a5 53.h5 a4 54.h6 ♖h2 55.h7 ♔d8 56.♘h4 f5 57.♖×b4 (57.♖g7!? ♗×g7 58.♔×g7) 57...♖h3 58.♖×a4 ♖×g3+ 59.♔×f5 (1–0). 59...♖h3 60.♖a8+ ♔c7 61.h8♕ ♗×h8 62.♖×h8. Karpov-Kramnik, Viena, 1996.

45. 1.h7 ♖g2+ 2.♔f7 ♖f2+ 3.♔e7 ♖e2+ 4.♔d7 ♖d2+ 5.♔×c7 ♖c2+ 6.♔d7 ♖d2+ 7.♔e7 ♖e2+ 8.♔f7 ♖f2+ 9.♔g6 ♖g2+ (9...♖f8 10.♔g7) 10.♔h5 ♖h2 11.h4 (1–0). Estudo de G.Nadareishvili (1951).

46. Na partida Schönberg-Honfi, Campeonato da Europa de países (Kapfenberg, 1970), seguiu 62...a×b3 63.h8♕ ♗×h8 64.♖×h8 ♔c5 65.♖d8 ♔c4 66.♖×d5 (1–0). As pretas não somente poderiam se salvar, mas inclusive vencer! Com **62...a3! 63.h8♕ ♗×h8 64.♖×h8 a2 65.♖d8+ ♔e7 66.♖×d5 a1♕ –+.** Ou mesmo 63.♖g8 a2 64.♖×g7 a1♕ 65.h8♕ ♕e5+! 66.♔g4 (66.♔h6 ♕h2+ y 67...♕×h8) 66...♕e4+ 67.♔g5 ♕e3+, e as brancas perdem a dama ou levam mate: 68.♔h4 (68.♔f5 ♗e6+ 69.♔f6 ♕f4++) 68... ♕f4+ 69.♔h3 ♕f3+ 70.♔h4 ♕h1+ e 71...♕×h8.

47. 69...♘d3! 70.♘b3 (70.♘×d3? a2 71.♔b2 ♔×d3 –+; 70.♘a2 ♔e2! 71.♔b3 ♔d2 72.♔×a3 ♔c2! –+) **70...♘e1+ 71.♔d1 ♔d3! 72.♔×e1 ♔×c3 73.♘a1 ♔×d4** (73...♔b2 74.♔d1 ♔a1 75.♔c1 a2 76.♔c2 c5 77.d×c5 d4 78.c6 d3+ 79.♔c1 d2+ 80.♔×d2 ♔b1 81.c7 a1♕ 82.c8♕) **74.♘c2+ ♔c3 75.♔d1 a2 76.♔c1 d4 77.♘a3 d3 78.♘c2 c5** (1–0). Marco-Maróczy, Memorial Kolisch, Viena, 1899.

48. 1.♖e×f4! ♖×f4 2.♖g8+ ♔d7 3.♔g3! (ambas as torres das pretas ficam paralisadas) **3...h5 4.f3 ♔c7 5.♖g7+ ♔b6 6.a4 a5 7.b×a5+ ♔×a5 8.♖g5+ ♔b6 9.♖e5 ♔c7 10.♖×e6 b6 11.♗e4 c5?** (11...♔d7 12.♖×c6 ♖×e4 13.♖×b6 +–; 11...♖×e4 12.f×e4 ♖h1 13.♖e7+ ♔c8 14.♖h7 +–) **12.d5** (1–0). Se 12...♖×e4, 13.f×e4, e o final de torres está perdido. Sznapik-Bernard, Polônia, 1971.

---

3 - Cálculo de variantes

49. 9...♕e7!! (a clavada da dama impede a captura do peão de b2) (0–1). 10.f×e7 ♗g7! (também ganha 10... b×a1♕ 11.e×f8♕+ ♔×f8) 11.♕×b2 ♗×b2 12.♘a3 ♗×a3 (12...♗×a1 13.♘b5) 13.♗×c7 ♗b4+ 14.♔d1 d5 –+. De uma partida entre dois desconhecidos, URSS, 1947.

50. 1.♖fc1! (ameaça 2.♖×c6 ♖×c6 3.♖×c6, e não há defesa) **1...♖b7** (protege g7, mas não c6) **2.♕×g7+ ♕×g7 3.♗×g7** (1–0). As brancas ganham peça. Namyslo-Bischoff, Campeonato da Alemanha, 2006.

51. 1.♖×d5! ♕f8 (1...♕×d5? 2.♕h6; 1...♕e6? 2.♕×h7+ ♔×h7 3.♖h5+

♚g8 4.♜h8++) **2.♜h5!** (1–0). Ernst-Van den Doel, Bundesliga, 2006.

52. **68.♛×c4+ ♚b1** (68...♚d1 69.♛c3 b1♞ 70.♛b2 y 71.♛d2++) **69.♚d3 ♚a1 70.♛a4+ ♚b1 71.♚c3 ♚c1 72.♛c2++.**

53. **1.♜×h6!** (também ganhava 1.♛g6, por exemplo: 1...♚h8 2.♜d7 ♛c6 3.♜×h6+) **1...g×h6 2.♜d7! ♞×d7** (2...♛×d7 3.e×d7 ♞×d7 4.♛g6+ ♚h8 5.♛×h6+ ♚g8 6.♝g4) **3.♛g6+ ♚h8** (3...♚f8?? 4.♛f7++) **4.♛×h6+ ♚g8 5.♛g6+ ♚h8 6.♛h5+ ♚g8 7.♛f7+ ♚h8 8.♞g6++.** A.Pérez-M.Huerga, Campeonato da Espanha sub 18, Baños de Montemayor, 2006.

54. **1.♛d8!!** (1.♝c2 ♛e3 2.♚g3 b5) **1...e×f3+ 2.♚h3!** (1–0). Milov-Pogorelov, Dos Hermanas, 2006.

55. **1.♞e5 ♛a7?** (1...♛c7 2.♜×b8+ ♜×b8 3.♝a4+ ♚d8 4.♞c6+ ♚c8 5.♝g3 ♛b7 6.♞×b8 +–; 1...♛c8 2.♜×b8! ♜×b8 3.♝a4+ ♚d8 4.♞c6+ +–) **2.♜×b8+!** (1–0). Si 2...♜×b8 (2...♛×b8 3.♝a4+ ♚d8 4.♞c6+), 3.♝a4+ ♚d8 4.♞c6+. Krivoshev-A.Royo, La Roda, 2006.

56. **27.♞f6+! ♝×f6** (27...g×f6 28.e×f6 ♝×f6 29.♛h5 +–) **28.e×f6 g6 29.♛d2 ♞d7 30.♜e7** (1–0). Stellwagen-Fressinet, Wijk aan Zee B, 23.1.2004.

57. **1...♞g4+!** (1...♜×f4 2.♛×e5) **2.f×g4 ♜×f4+!** (0–1). Se 3.g×f4, 3...♛×c3. Mogranzini-Berkes, Frascati, 2006.

58. 39...h5 (1–0, 52 lances). Suttles-Ortega, Polanica Zdroj, 1967. Venceria com **39...♛e7!!**, com a dupla ameaça ...♛×e4 e ...♛c5+. Por exemplo:

40.♛×e7 (40.♛×g4 ♛e1+ 41.♚g2 ♜f2+ 42.♚h3 ♜×h2+! 43,♚×h2 ♜f2+ 44.♚h3 ♛h1++) 40...♝d4+ 41.♚g2 ♜f2+ 42.♚h1 ♜f1+ 43.♝×f1 ♜×f1+ 44.♚g2 ♜g1++.

59. **1.♝×c5! ♝×c5** (1...b×c3 2.♝a4! ♛×a4 3.♛×e6+ ♚d8 4.♝b6++; 1...♛×c5 2.♛×e6+ ♝e7 3.e5 ♝d5 4.♝a4+ ♚f8 5.♞×d5 ♛×d5 6.e×f6 ♛×e6+ 7.♞×e6+ ♚f7 8.f×e7) **2.♝a4** (1–0). G.Bouza-B.Sánchez, Vilagarcia de Arousa, 2006.

60. **25.♜×g4! f×g4 26.♝×h7+!! ♚h8** (26...♚×h7 27.♞g5+ ♚g8 28.♛d3 ♚f8 29.♛h7) **27.♝g6 ♜f8 28.♞g5 ♛b3 29.♛d3 ♛g8 30.♜h1! ♜a7 31.♚g1 a4 32.h6 ♛c4 33.♛c2 ♛b3 34.♛d3 ♛c4 35.♛d2 a3 36.♞f7+! ♜f×f7 37.h×g7+ ♚g8** (37...♚×g7 38.♝f6+) **38.♛h6 ♜×g7 39.♝e7!** (1–0). L'Ami-Esen, Olimpíada de Turim, 23.5.2006.

61. **1...♜×f2+! 2.♚×f2 ♛f4+** (2...♛h2+ 3.♚e3 ♛e5+) **3.♚e2** (3.♚e1 ♛e3) **3...♛e5+ 4.♚d2 ♛c3+ 5.♚e2 ♛e5+.** Empate. Cmylite-Galliamova, Mundial Feminino, Rússia, 2006.

62. **1.♞×f7! ♚×f7 2.♝×e6+! ♚×e6 3.♛b3 ♚f6** (3...♚e5 4.♛d5+ ♚f6 5.♛f5++; 3...♚d6 4.♞b5+ ♚c6 5.♛e6+ ♚×b5 6.a4+ ♚a5 7.b4+ c×b4 8.♛d5+ ♚b6 9.♝b2!) (1–0). Seguiria 4.♞d5+ ♚e5 (4...♚f7 5.♞c7+ ♚g6 6.♞e6 ♛b6 7.♞f4+ ♚f6 8.♞d5+) 5.♛g3+ ♚e6 6.♞c7+ ♚f7 7.♛b3+ ♚g6 8.♞e6, etc. Pinter-dorján, Balatonberény, 1983.

63. **1.♞e5!!** (1–0). 1...♛×e2 (1...♝×e5 2.♛×a6 b×a3 3.♜×b8; 1...♜d8 2.♞×d7+ ♜×d7 3.♜c8+; 1...♛a4 2.♜b4! ♝×e5 3.♜×a4 ♝×a4 4.♝×a7) 2.♞×d7+ ♚e8 3.♞×b8 ♝f6 4.♜c8+

♗d8 5.d7+ ♔e7 6.♗c5+. Kondilev-Ptuj, Simferopol, 1984.

64. **28...f3!?** (também ganhava 28... ♕d7!, com a ameaça ...♗d4+) **29.♕×e8** (única; 29.g×f3 ♖×f3+ 30.♕×f3 g×f3 31.♔×f3 ♕h5+) **29... f×g2+!!** **30.♗×f8** (30.♕×f8+ ♖×f8 31.♗×f8 ♗d4+ 32.♔e1 g×h1♕) **30... g×h1♘+!** (0–1). 31.♔e1 (31.♔g1?? ♗d4+ 32.♕e3 ♗×e3++) 31...♖×e8+ 32.♗e2 ♗f3 33.♗×g7+ ♔×g7. Atalik-Miles, Heraklio, 1993.

65. Simplesmente com **1...♗×d5! 2.♖b1 ♗a2! 3.♖×b2 ♖×b2** (0–1). As pretas recuperam a dama, com peça de vantagem.   Maldenhauer-Klundt, Rostock, 1971.

66. **31...♖×c3! 32.♗×c3 ♗c5+ 33.♔f1 ♕f3+ 34.♔e1 ♕×c3+ 35.♔d1** (35.♔f1 ♕f3+ 36.♔e1 ♗b4+) **35... ♕d4+ 36.♔e2 ♕e3+ 37.♔d1 ♗b4 38.♔c2 ♕e4+ 39.♔b2** (39.♔c1 ♕h1+) **39...♗e7! 40.♕b1** (40.♖c1 ♗f6+ 41.♔a3 ♕b4++; 40.♖d1 ♕e2+) **40...♗f6+ 41.♔a3 ♕e3+ 42.♔a2 ♕d2+** (0–1). Bruzón-Nisipeanu, Decameron, 7.12.2003.

67. **1...♗g4+! 2.♖×g4** (2.♔f1 ♘×e3+! 3.f×e3 ♕×g3) **2...♖×e3+ 3.♔f1** (3.♔d1 ♕×f2) **3...♕h3+ 4.♖g2 ♖×c3 5.♕d1 ♖d3 6.♕g4 ♘d2+ 7.♔g1 ♕×g4 8.♖×g4 ♖×d4 9.♖×d4 ♘f3+** (0–1). Quintana-Dreev, Benidorm, 2005.

68. **1...♗×a1!** (a dama das pretas amplia seu raio de ação: agora domina as casas c3, b2 e a1) **2.♖×a1?** (2.♘×b6 ♕b2+ 3.♔d3 a×b6 4.♖×a1 ♕g7 Æ) **2...♘×c4! 3.♘f6+** (3.b×c4? ♗a4+ 4.♔b1 ♖b8+ 5.♔c1 ♕×a1++) **3... ♕×f6! 4.b×c4** (4.g×f6 ♘×d2 5.♔×d2 ♔f7 –+; 4.♗d5+ ♔h8 5.♗×c4 ♕g7 –

+) **4...♗a4+** (0–1). Tan-Pruijsers, Groningen, 2005.

69. **32...♕g3+! 33.♔e2?** (seria melhor 33.♕×g3 f×g3+ 34.♔e2 ♖f2+ 35.♔e1 ♖a2 –+) **33...f3+** (0–1). Witt-Geller, Olimpíada de Siegen, 24.9.1970. Se 34.♔e1, 34...♕×g1 35.♕×g1 f2+ 36.♕×f2 ♖×f2.

70. **14...♗h3!! 15.♖e1** (15.♘×h3? ♘e2+ e 16...♘×c3; 15.e×d4 e×d4 16.♕b3 ♗×f1 –+) **15...♗g2 16.e×d4 e×d4 17.♕c2 ♖×f2?** (17...♗×h1 18.♘h3 ♗f3) **18.♘h3 ♗×h3 19.♖×e4 ♕f7 20.♖f4 ♖×f4 21.g×f4 ♕×f4 22.♕d3 ♗f5 23.♕e2 ♕e4** (0–1). Reshevsky-Westerinen, Moscou GMA, 1989.

71. **20.♖e8+! ♗×e8 21.♖×d8+ ♔h7 22.♗d3+ f5** (22...g6 23.♖×h8+ ♔×h8 24.♕f8+ ♔h7 25.♘f5! ♕e5 26.♕×f7+ ♔h8 27.♕f8+ ♔h7 28.♕×h6+ ♔g8 29.♕×g6+ ♔f8 30.♕×c6) **23.♖×h8+ ♔×h8 24.♕f8+ ♔h7 25.♗×f5+ g6 26.♗×g6+!** (1–0). 26...♔×g6 27.♕f5+ ♔g7 28.♘e6+ ♔h8 29.♘×c7. Leonhardt-Tarrasch, Hamburgo, 1910.

72. **1.♗f4! ♕×f4 2.♗×b7 ♖d6** (2... ♗×b7 3.♖×b7+! ♔×b7 4.♖b1+ ♔a8 5.♕c6++; 2...♘d7 3.♗×e4+ ♘b6 4.♕c6) **3.♗c6+! ♔c8 4.♗×e4+! ♔d8 5.♖b8+ ♔d7 6.♖b7+ ♔e8 7.♕c8+ ♖d8 8.♗d5+ ♘e4 9.♗×f7+** (1–0). 9... ♕×f7 10.♖×e4+ ♔f8 11.♕×d8+. Negyely-Berta, Correspondência, 1971.

73. **1...♗g5!** (ameaça ...♗e3!; 1... ♗d8? 2.e6 ♔c8 3.e7 ♗×e7 4.g4 ±) **2.e6! ♗e3! 3.♕e5+ ♔a8** (3...♔c8 4.♕h8+ ♔c7 5.♕e5+ ♔c8). Empate. 4.♕a5+ ♔b8 5.♕d8+.   Lahno-Petrosian, Armênia, 2005.

74. 1.Bh5! Q×h5 2.Re8+ Kh7 3.Qg7+ Kg6 4.Re6+ Kf5 (4...Kg5 5.Re5+ Kg6 6.Qe6+ Kh7 7.R×h5) 5.Re5+ Kf4 (5...Kg6 6.Qe6+ Kh7 7.R×h5; 5...Kg4 6.Qe6+ Kf4 7.g3+ Kf3 8.Nd2++) 6.g3+ Kf3 7.Nd2+ Kg4 8.Qe6+ (1–0). Riazantsev-Loefler, Campeonato Individual da Europa, Varsóvia, 2005.

75. 1.Bf6+! (1.d8Q? R×c4+ 2.Kb1 N×d8 3.Bf6+ R×f6 4.Q×d8+ Kg7 5.Qe7+ Rf7 6.f6+ Kg8 7.Qe8+ Rf8 8.Qe6+ Kh8 9.Qe7 +–) 1...R×f6 2.d8Q+ N×d8 3.Q×d8+ Kg7 4.Qg8+ Kh6 5.g5+! K×g5 (5...Kh5 6.Q×h7+) 6.Nf3+ (1–0). 6...Kf4 7.R×h1. Bernasev-Konopka, Brno, 2006.

76. 1.R×c7! (1.R×e6? Q×e6 2.Qd4 Kg8) 1...N×c7 (1...Qc5?? 2.B×d6+; 1...d5 2.Rc8+ Kg7 3.Be5+ Kh7 4.Rh8+ Kg6 5.Ne7+ Kh5 6.g4+ Q×g4 7.h×g4+ Kh4 8.Bg3++) 2.Q×d6+ Kg7 3.Be5+ Kh7 4.Qf8! (1–0). Saltaev-Breder, Bundesliga, 2006.

77. 1.e6! B×e6 (1...Q×e6 2.Rf8+! R×f8 3.Bd4+ Rf6 4.B×f6+ Q×f6 5.Q×f6+) 2.Qf6+ Kg8 3.Qg8+ Kh8 4.Rf8+! R×f8 5.Bd4+ (1–0). Tate-Hoenick, Calviá, 2006.

78. 1.Rh8+! B×h8 2.Qh7+ Kf8 3.Q×h8 Ke7 4.Qh4+ (para evitar a fuga do rei das pretas por d8) 4...Kf8 5.Qh7 (com a ameaça imparável 6.g7+, etc.) (1–0). Se 5...R×e5, 6.Kd1 Rf5 7.g7+. Pengxiang-Eljanov, Campeonato da Espanha por equipes (Mérida, 2005).

79. 1.N×f7! K×f7 (1...c×d3 2.N×h8 Q×c3 3.Ba3) 2.B×g6+! K×g6 (2...N×g6 3.Qf6+ Ke8 4.Q×g6+ Kd8 5.Qf6+) 3.Qf6+ Kh7? (3...Kh5 4.Qf7+ Ng6 5.Qf3+ Kh4 6.Qh3++) 4.Qf7++. G.Somoza-Gutiérrez, Madri, 2006.

80. 1...Ne4+! (este descoberto é decisivo) 2.Kh1 (2.Kg2 R×g3+! 3.Q×g3 N×g3 4.h×g3 Rf7) 2...R×g3! 3.h×g3 (3.Q×e7?? Qg1+ 4.R×g1 Nf2++; 3.h×g3 B×h4 4.g×h4 Ng3+) 3...B×h4 4.g×h4 (0–1). Visser-Speelman, Memorial Staunton, 2006.

81. 1...N×h3+! 2.g×h3 (2.Kf1 Qh2 3.Ke1 Qg1+ 4.Nf1 N×f2! 5.Rc7+ Kh6) 2...Qg5+ 3.Kf1 (3.Kh2 R×f2+! 4.R×f2 Qg3+ 5.Kh1 Q×f2) 3...R×h3 4.Ke1 Rh1+! 5.Nf1 Qg2 6.Kd2 R×f2 (0–1). Areshchenko-Mamedyarov, Ucrânia, 2006.

82. 33...Ne3! 34.B×e3 R×g3+ 35.Kf2 (35.Kh1 Rh3+ 36.Kg1 Q×h4) 35...Rg2+ 36.K×f3 R×c2 37.R×c2 Q×h4 38.Rg1 (38.Rc4 Qg4+ 39.Kf2 Be7 40.Ke1 Bh4+ 41.Kd2 Qg2+) 38...R×a4 39.Nc3 R×c4 40.Ke2 Bh6 41.Bb6 R×e4+ (0–1). 42.N×e4 Q×e4+ 43.Kd1 Qd3+. P.Nielsen-Kotronias, Hastings, 4.1.2004.

83. Na partida J.Polgár-Topalov, Hoogeveen, 23.10.2006, foi jogado 20.Bg3?! N×e4 21.B×e4 B×e4 22.Bh4 Qc7 23.Bf6 Bg6 24.B×h8 R×h8 25.Nf6+ Kd8 26.h4 Qc5 27.h5 Bh7 28.Qh4! (1–0, 39 Q.). Venceriam rapidamente com 20.Nf5! e×f5 (20...Re6 21.Nfg7+! B×g7 22.N×g7+ R×g7 23.B×e5 Rh7 24.Qg3) 21.B×e5 B×e5 22.Q×f5, com ataque duplo à Rh7 e o Be5.

84. 16.R×f6! (também ganha 16.Ba4+ Ke7 17.R×f6! g×f6 18.Qd5 B×e6 19.Q×a8 Bg7 20.Q×a6) 16...g×f6 (16...c×b3 17.Qh5+ g6 18.R×g6! h×g6 19.Q×g6+ Ke7 20.Rd1!, com a ameaça 21.Bg5++)

17.Dh5+ Re7 (17...Rd8 18.Td1+ Bd6 19.Bxc4 Dxc4 20.Bb6+) **18.Df7+ Rd6 19.e7! Dxe7** (19... Bxe7?? 20.Dd5++) **20.Dxc4**, com a ameaça imparável 21.Td1+ (1-0). I.Kaitsev-Dementiev, Riga, 1970.

85. 1...Txg2+! 2.Rxg2 Cf4+ 3.Rf3 (3.Rg1 Dg5+ 4.Rf1 Dg2+ 5.Re1 Dh1+ 6.Rd2 Dxa1 7.Dxf4 Dxb2+ 8.Rd1 Dxc3 9.d6 Db3+ 10.Tc2 c3 11.d7 Td8) **3...Dxh3+! 4.Rxf4 Dh2+ 5.Re3 Dxd6 6.Th1 g5 7.Rd2 Df4+ 8.Rc2 b5 9.Tee1 b4 10.Cd1 Tc5** (10...b3+! 11.Rb1 Dd2) **11.Rb1?** (11.Te3) **11...c3** (0-1). Warner-Browne, Vancouver, 1971.

86. 42.f4+! Rxf4 (42...exf4 43.Td5+ Rf6 44.g5+ Re6 45.De8++) **43.Dxf7+! Rg5** (43...Rxe4 44.Df3++) **44.De7+ Rh6 45.g5+** (1-0). 45...Rh5 46.Dxh7+ Rxg5 47.Tg3+. Knaak-Postler, Campeonato da Alemanha Oriental, 1971.

87. 1...Cxe4+!! (1...Dh3 2.Cf4 Dh4 3.Cg2; 1...Dh5 2.Cf4 Cxe4 3.Cxh5 Bf2+) **2.Cxh4** (2.Re2 Bxc4+ 3.Dd3 Df2+ 4.Rd1 Bb3+ 5.Dc2 Bxc2++) **2...Bf2+ 3.Re2 Bxc4+ 4.Dd3 Cd4+ 5.Rd1 Bb3+ 6.Dc2 Bxc2++**. Roupanen-Imonen, Helsinque, 1972.

88. 1.Txh5! gxh5 2.Dxh5 Re8 **3.Cxe6! Cf8** (3...Cxf6 4.exf6 Rd7 5.Dxf7+ Rc6 6.Cxd4+ Rb6 7.Cd5+ Ra6 8.Dxb7+ Rxb7 9.Cxb4) **4.d7+! Cxd7** (4...Dxd7 5.Cg7+ Rd8 6.Txd7+) **5.Dh8+ Bf8 6.Cg7+** (6.Dxf8+! Cxf8 7.Cg7++) **6...Rd8 7.Dxf8+ Rc7 8.Dd6+ Rd8 9.De7+** (1-0). Sanakoev-KagorovkQy, Voronezh, 1972.

89. 37...Bf5! (é importante impedir que o cavalo chegue a e4 e mobilizar de passagem a outra torre) **38.fxg3 Tag8! 39.Txf3** (39.g4 Txg4+ 40.Rf2 Tg2+ 41.Re1 h3 42.d6 h2 43.dxc7 Tg1 44.Td7+ Rh8 -+; 39.Rf2 fxg3+ 40.Rxf3 g2 41.Ce4 h3 42.Cg5+ Txg5 43.Bxg5 Txg5 44.Th1 Bg4+ 45.Rf2 Rg6) **39...Txg3+ 40.Txg3** (40.Rf2 Txf3+ 41.Rxf3 Tg3+ 42.Rf2 Txc3) **40...Txg3+ 41.Rf1 Txc3** (-+). Variante de uma partida Fritz 8-Gude, 12.7.2006.

90. A partida Ivarsson-Angantysson, Mundial de Estudantes, 16.8.1970, seguiu assim: **28.Txg6+** (praticamente, única) **28...fxg6 29.Dxg6+ Rh8 30.Bg7+ Bxg7 31.Dh5+ Rg8 32.Cxe7+ Rf8 33.Cxc8? Dd4+ 34.Rc1 Da1+ 35.Rd2 Dc3+** (0-1). Se 36.Rd1, 36...Dxc8. No entanto, as brancas poderiam ter forçado o empate por xeque perpétuo, com 33.Cg6+! Rf7 (33...Rg8 34.Ce7+; 33...Re8?? 34.Ce5+ Rd8 35.Dg5+ Rc7 36.Dxg7+ Rb8 37.Cd7+ e 38.Dxb2) 34.Ce5+ Rg8 (34...Re6?? 35.Df5+ Re7 36.Df7+ Rd8 37.Dd7++) 35.Df7+ Rh8 36.Dh5+.

91. 13.Bg5! g6? (13...h6 14.Bxf6 Bxf6 15.De4 g6 16.Cxc6 Dd6 17.Df3 Bxd4 18.Be4 f5 19.Cxd4; 13...Cxd4?? 14.Bxf6; 13...Dxd4?? 14.Cxc6 Dxh4 15.Cxe7+ Rh8 16.Bxh4) **14.Ba6!! Cxe5 15.dxe5!** (1-0). 15...Bxa6 16.exf6 Te8 17.fxe7. Ree-Piket, Bremen, 24.5.2001.

92. 1...Ch3!! 2.Td1 (2.Bxg5?? Txf1++; 2.Dxg5 Txf1+) **2...Dxd2 3.Txd2 Tf1++**. Evans-Grefe, Nova Iorque, 1973.

93. 15.Bxh6! gxh6 16.Dxh6 Tfb8 (16...C5f6 17.Cxf6+ Cxf6 18.Dg5+ Rh8 19.Ch5 -+) **17.Cd6!** (1-0).

17...B×d6 18.Bh7+ Kh8 19.Bg6+ Kg8 20.Qh7+ Kf8 21.Q×f7++. Kinn-Portisch, Campeonato da Alemanha Oriental, Premnitz, 1961.

94. 32.Rg7+! Ke6 (32...B×g7 33.R×g7+ Ke6 34.Q×a8) **33.R1g6 Rab8** (33...e4 34.R×f6+ Q×f6 35.Qg8+ Ke5 36.Rf7 Bg7 37.f4+!) **34.Qg8+ Kd6 35.R×f6+ Q×f6 36.Rg6 Kc7 37.R×f6 R×f6 38.Qh7+ Kb6 39.Be4! Rd6 40.h5 a6 41.Qf7 Rd2 42.a3 Rd1+ 43.Kd2 Rd6 44.b4 c×b4 45.a×b4 Rdd8 46.Qe6+ Rd6 47.Qc4 Rf6 48.Qd5** (1-0). Anand-Bareev, Wijk aan Zee, 19.1.2004.

95. 24.R×g7 N×g7 25.N×f5 Qe4 (25...Qc5+ 26.Kh1 Rc6 27.B×g7+ Ke8 28.Qh5) **26.B×g7+ Kg8** (26... Ke8 27.Nd6+) **27.Qh5 Rc6 28.Nh6+ K×g7 29.Qg5+!** (1-0). 29...Rg6 30.R×f7+ Kh8 31.Rf8+ Kg7 32.Rg8++. Vescovi-Areshchenko, Moscou Aeroflot, 22.2.2004.

96. (a) **34.Qd6?** (como foi jogado na partida) **34...Re2 35.Rf1 R×g7 36.Na5 R×a2 37.Nc6 Ra6 38.Rc1 Ra2 39.Rf1 Ra6 40.Rc1 Rf7 41.Qc5 Rc7 42.Qc2+ Kg7 43.Qb2+ Qf6** (0-1). A.Kuzmin-Dreev, São Petersburgo, 22.5.2004. (b) As brancas poderiam se salvar com **34.Ne5!**, que obligaria as pretas a forçarem o empate com **34... R×g3+ 35.f×g3 Q×g3+ 36.Kh1 Re1+ 37.R×e1 Q×e1+ 38.Kg2 Qe2+**, e xeque perpétuo. Pois se 34...Re×e5 (34...Rg×e5?? 35.g8Q++), 35.g8Q+ R×g8 36.Q×e5.

97. **18.b4!** (18.Q×g7? B×e5 19.f×e5 Q×e5 Æ) **18...Q×b4 19.Q×g7 Nh7 20.B×h5 B×e5 21.Q×f7+ Kd8 22.Rd1+ Bd6** (22...Bd4 23.Qg7 Kc8 24.R×d4 Qf8 25.Qe5 +-) **23.Qg7 Rf8 24.Rfd2 Kc8 25.R×d6**

Qc5+ 26.Kh1 Kb8 27.R×c6! Q×c6 28.Bf3 Qc8 (28...Qc7 29.Rd7) **29.Q×h7** (29.Rd7!) **29...Ra7 30.Qd3 Qc7 31.Na4 Q×f4 32.Nb6 Rh8 33.g3** (1-0). 33...Q×g3 34.Qd8+ R×d8 35.R×d8+ Kc7 36.Rd7+ Kb8 37.h×g3. Nijboer-Stellwagen, Wijk aan Zee B, 17.1.2004.

98. **13.B×f4! e×f4 14.e5+! Kc5** (14...B×e5 15.Ne4+ K×d5 16.Qf7+ Be6 17.0-0-0+ Bd4 18.R×d4+ K×d4 19.Q×e6 Qf8 20.c3++) **15.Na4+ K×b5 16.Qe2+! K×a4** (16...Ka5 17.Qd2+ K×a4 18.b3+ Kb5 19.a4+ Kc5 20.b4+ Kb6 21.Qd4+ c5 22.Q×c5+ Ka6 23.Qb5++) **17.Qc4+ Ka5 18.b4+** (1-0). 18...Ka4 (18... Kb6, como na linha anterior) 19.Qb3+ Kb5 20.a4+ Kb6 21.a5+ Kb5 22.c4+ Ka6 23.b5++. Ze-Dhe - Hicks, Lhasa, 1938 (partida talvez apócrifa, citada como autêntica por Kurt Richter).

99. **16.B×h7+!?** (seria melhor 16.N×d5 B×d5 17.B×h7+ K×h7 18.R×d5) **16...K×h7 17.Qh5+ Kg8 18.B×g7?! K×g7 19.Rf3 Nf8** (19... Bh4! 20.Rh3 Rh8 21.Qg4+ Kf8) **20.Rg3+ Ng6 21.f5 Rh8 22.R×g6+ f×g6 23.Q×g6+ Kf8 24.f6 R×h2 25.K×h2?** (25.Kg1 B×f6 26.Rf1 Rh6!! 27.Q×h6+ Kf7 28.Qh7+ Ke6 =) **25...Qd6+ 26.Kg1 B×f6** (0-1, 36 lances). Gude-Rubén Hernández, Open de Sants, Barcelona, 27.8.2006.

100. Na partida Morozevich-Aronian, Morelia-Linares 19.2.2007, foi jogado 38.Rf3?, e depois de 38...Rf1 39.f×g6? R×f3+ 40.Q×f3 Qe1+ 41.Kf4 h×g6 42.Q×d5 Qf2+ 43.Nf3 Q×g2, concordou-se com o empate. As brancas poderiam ter realizado uma combinação memorável, com **38.Qd8+ Kg7 39.f6+ Kh6 40.Kh4!!** (ameaça 41.Qf6++) **40...Q×d4+ 41.g4 Qb4** (41...Qc5)

42.♕f8+! ♕×f8 43.g5++.

101. 15...♘hg3+ 16.h×g3 ♘×g3+ 17.♔g1 (17.♔f2 ♕h4) 17...♕h4 18.♖c1?! (18.♕g5 ♕h1+ 19.♔f2 ♕×d1 20.♘×d1 ♘e4+ 21.♔f3 ♘×g5+ 22.f×g5 ♗e6 Æ) 18...♗f5 19.♗d2? (19.♕b4 ♖c8; 19.♖e5? ♗×e5 20.♕×e5 ♖d8) 19...♖d8 20.♘d5 ♗e4! 21.♖×e4 ♕h1+ 22.♔f2 ♘×e4+ 23.♔e3 ♕×g2 24.♕a5 ♕×d2+ 25.♕×d2 ♘×d2 26.♘b4 ♘c4+ 27.♔f3 ♗×b2 28.♖h1 ♖d2 29.f5 ♗c3 30.♘d3 ♘e5+ (0-1). 31.♔e3 ♖×c2. Suba-López Gracia, Benasque, 12.7.2006.

102. 1.♖×h7+! ♔g8 2.♖h8+! ♔×h8 3.♖h1+ ♔g8 4.♗h7+ ♔h8 5.♗×f5+ ♔g8 6.♗h7+ ♔h8 7.♗×e4+ ♔g8 8.♗h7+ ♔h8 9.♗×d3+ ♔g8 10.♗h7+ ♔h8 11.♗c2+ ♔g8 12.♘e7+! ♗×e7 (12...♕×e7) 13.♖h8+! ♔×h8 14.♕h5+ ♔g8 15.♕h7+ ♔f8 16.♕h8++. Problema de M. Zicker, *Schach* (1968).

103. 1.b4!! ♖d6 (1...♘d7 2.♖×f7!! ♔×f7 3.♕e6+ ♔f8 4.♖f3+) 2.b×c5 ♖×c6 3.d×c6 b×c5 4.♖b3 ♕d6 5.♖d3 ♕e7 6.♖d7 ♕e8 7.♗d5 (1-0). Galkin-Aroshidze, Campeonato Individual da Europa, 2006.

104. Na partida Topalov-Ponomariov, Sofia, 21.5.2005, seguiu 20.♗f4!? ♔f7 21.♕g6+ ♔e7 (21...♔g8?? 22.♖h8+ ♔×h8 23.♕h7++) 22.g×f6+ ♖×f6 23.♕×g7+ ♖f7 24.♗g5+ ♔d6 25.♕×f7 ♕×g5 26.♖h7! ♕e5+ (26... ♕c1+ 27.♔e2 ♕d2+ 28.♔f3 ♕d1+ 29.♔g2 Ponomariov) 27.♔f1 ♔c6 28.♕e7+ ♔b6 29.♕d8+ ♔c6 30.♗e4+ (1-0). No entanto, as brancas venceriam diretamente com 20.♖h8+! ♔f7 21.♕g6+ ♔e7 22.g×f6+ g×f6 23.♖h7+ ♔d6 24.♗f4+ ♔c6 25.♕e4+

♔b6 26.♗c7+ ♕×c7 27.♖×c7 ♔×c7 28.♕×a8, etc. (Ponomariov).

105. 36.♘×h5! g×h5 37.♗×h5 f6 38.♗f7+! ♔f8 (38...♕×f7 39.♘×f7 ♔×f7 40.♕h5+ ♔f8 41.♗h6) 39.♘e6+ ♔×f7 (39...♘×e6 40.♖×c7 ♘×c7 41.♖×c7 ♕×f7 42.♖×c8+ ♔e7 43.♕c2 ♕h5 44.♕c7 ♖b1+ 45.♗c1 ♖×c1+ 46.♕×c1) 40.♘×g7! ♔×g7 41.♕h5 ♖×e4 (41...♘f8 42.♗h6+ ♔h8 43.♗×f8+ ♕h7 44.♕e8) 42.♗h6+ ♔h8 43.♖g3 (1-0). Ponomariov-Gyimesi, Moscou, 2005.

106. 18.♕b3! ♗e7 (18...♕×e6 19.♕×b7 ♖d8 20.♗b5+ ♖d7 21.c6! ♕×e3+ 22.♔h1 ♖×b7 23.c×b7+ ♔f7 24.b8♕) 19.♗g4! ♔f7 (19...f5 20.♗×f5 ♗×f5 21.♕a4+ ♔f7 22.♘d4 ♕×e3+ 23.♔h1) 20.♖ad1 a4 21.♕×b7 ♗e4 22.♘f4 ♖hg8 23.♕d7 ♖×g4 24.♕×g4 ♗×c5 25.♘×d5! f5 26.♕h3 ♔g8 27.♔h1 ♖f8 28.♘f4 ♕e7 29.♖d2 ♗c6 30.♖c2 ♗e4 31.♖c4 a3 32.♕g3+ ♔h8 33.♖×c5! ♖g8 (33...♕×c5 34.♘e6 ♕e7 35.♘×f8 ♕×f8 36.♖c1) 34.♕e1 ♗×g2+! 35.♘×g2 ♕×c5 36.♕a1+ ♖g7 37.♖c1 ♕f8 38.♖c7 (1-0). Shirov-Erenburg, Gibraltar, 29.1.2005.

107. 22...♘×c2! 23.♘×c5 (23.♕×c2 ♘×b3; 23.♔×c2 ♘×b3; 23.h6 ♘×a3+! 24.♔a2 g6 25.♘×c5 ♕×c5) 23... ♘a3+ 24.♔a2 ♕×c5 25.♘a4 ♘c2! 26.♔b1 (26.♖c1 ♖×b2+ 27.♘×b2 ♕a3+ 28.♔b1 ♕×b2) 26...♕a3 (0-1). 27.♕×c2 ♖c8 28.♕d2 ♕×a4 29.h6 g6 30.♗d1 ♕a3 31.♖g2 ♖c5. Adams-Kasparov, Linares, 8.3.2006.

108. 29.♖h7!! (um lance demolidor!) 29...♕×b2+ (29...♔×h7 30.♘×e7+ ♔h6 31.♖h1+ ♗h5 32.g4; 29...♗f8 30.♖dh1; 29...♘×b2! 30.♖×g7+ ♔f8 31.♕×b2 ♕×b2+ 32.♔×b2 e6

33.R×f7+ K×f7 34.B×b7 Rb8
35.Nd6+ Ke7 36.B×a6 +–) 30.Q×b2
N×b2 31.R×g7+ Kf8 32.Rh1! (1–0).
Akopian-Kramnik, Wijk aan Zee,
10.1.2004.

109. 29...Qa3!! 30.Rh1 (30.Q×b8
R×b8+ 31.Kd2 Q×d6+; 30.R1d5
Rb1+ 31.Kd2 Qc1+ 32.Ke2 Qf1+
33.Ke3 Re1+ 34.Kd2 Qf2+ 35.Ne2
R×e2+ 36.Kc1 R×c2+ 37.Kd1
Rb1++; 30.Nb5 Q×a2 31.Na3 c3!
32.Q×b8 Qa1+ 33.Nb1 R×b8 34.Rh1
R×b1+! 35.B×b1 Qb2+ 36.Kd1
Q×b1+ 37.Ke2 Q×e4+; 30.Q×f8+
R×f8 31.R×a6 R×c2+! 32.K×c2
Q×a6) 30...R×d8 31.R×d8 Rb8+
32.Kd2 R×d8+ 33.Nd5 Qc5 34.Ke2
Ne6 35.Qh7+ Kf8 36.Rf1 Nf4+
37.N×f4 e×f4 (1–0, tiemo). 38.R×f4
Qa5 (38...Qd6 39.Kf3) 39.Q×g6
Qd2+ 40.Kf3 Q×f4+ 41.K×f4 f×g6.
Tukmakov-Nikolaievsky, Campeonato
da URSS, Leningrado, 19.9.1971.

110. 25.Nf6+! g×f6 (25...Kh8??
26.Qe1) 26.g×f6 Bc5 (26...Q×c4
27.Q×c4 B×c4 28.R×c4! Bd8 29.f5,
com ideia de R×h4 e Rg3++) 27.Be4
(27.K×h4! Rfb8 28.Qg3+ Kf8
29.Rd2) 27...Rfb8 28.K×h4 Kf8
29.Rg2 Q×c4 30.Q×c4 B×c4 31.Bh7
Bf2+ (31...Ke8 32.Rg8+ Bf8
33.R×f8+! K×f8 34.Rg3 y 35.Rg8++)
32.Kh5 (1–0). Kasparov-Illescas,
Linares, 1992.

111. 44.g7+? (segundo o Fritz, seria
muito mais forte 44.Rg1!, por exemplo:
44...Rg8 45.Re3) 44...R×g7
45.h×g7+ K×g7 46.Rg1+ (46.Re3!
Bb5 47.Rg1 Kf6, etc., como na partida) 46...Kf6 47.Re3 Bb5 48.Rg6+
Ke7 49.Rg7+ Kd6 50.a4 Nd5 51.e7
Re8 (51...N×e7 52.a×b5 d2 53.Rd3+)
52.Re6+ Ke7 53.a×b5 c2 54.Rc6+
Kb7 55.f6 d2? (55...N×f6 56.Bf5

a×b4 57.B×d3 b3 58.B×c2 b×c2
59.R×c2) 56.f7 d1Q 57.f×e8Q Qd2+
58.Rg2 Qf4+ 59.Rg3 (1–0). Se 59...
Qf2, 60.Bg2. Korchnoi-Salov,
Belgrado, 1987.

112. 21.B×f6! Bb6 (21...B×f6
22.R×f6! g×f6 23.Q×f6, com ideia de
Nd4–f5) 22.B×g7!! B×d4+ 23.B×d4
(as brancas entregaram a dama por duas
peças menores e um peão) 23...h6
24.Rf6! Ra2! (24...Kh7 25.Bh3!)
25.R×h6 f6 26.Ne3 Rd2? (26...R×e2
27.Bf1 R×e3 28.B×e3) 27.Nf5 R×d4
28.N×d4 Qe7 29.Kf2 Bb7 30.Bh3!
Qc7 31.Be6+ Kf8 32.Rg6 Qh7
(32...Q×c3 33.Nf5) 33.Rg8+
(33.R×f6+!) 33...Ke7 34.Rg7+!
Q×g7 35.Nf5+ K×e6 36.N×g7+ Ke5
37.Ke3 Bc8 38.Nh5 d4+ 39.c×d4+
Kd5 40.N×f6+ Kc4 41.d5 (1–0).
Malakov-Moiseenko, Rússia, 2005.

4 - Estudos

113. 1.Rh6+! (1.Rf6+ Kd7 2.Rh7+
Ke8 =) 1...Kd7 2.Rf7+ Ke8 3.Ra7!!
Qe5 (3...Q×a7 4.Rh8+ Kd7 5.Rh7+ e
6.R×a7) 4.Rh8+! Q×h8 5.Ra8+ e
6.R×h8 (1–0). Estudo de Harold
Lommer.

114. (a) Brancas: 1.Bh5! K×h5
2.Qh7+ Kg4 3.Qh3+ Kf3 4.Qg2 e
5.Qxa8. (b) Pretas: 1...Bh3! (a mesma
ideia) 2.K×h3 Qh1+ 3.Kg4 Qh5+
4.Kf5 Qg6+. Estudo de J. de
Villeneuve-Esclapon, *Shakmatnoe
Obozrenie* (1910).

115. 1.a6! f1Q 2.a7 Kg8 (2...Qa1
3.f7 Qa3 4.d6! Qf3 5.d5! +–) 3.a8Q+
Kf7 4.Qa7+ K×f6 5.Qg7+ Kf5
6.Qf7+ y 7.Q×f1 (1–0). F.Sackmann,
Deutsches Wochenschach (1913).

116. **1.f7 ♖f8 2.e6 b6! 3.♔b7** (3.e7? ♖×f7 e o peão e fica cravado) **3...♔c5 4.e7!** (4.♔c7? ♔d5 5.♔d7 ♔e5 6.♔e7 ♖a8 −+) **4...♖×f7 5.♔a6! ♖×e7.** Empate. L.Kubbel, *Tidskrift for Skak* (1916).

117. **1.b6+!!** (1.h4 a×b5 2.h5 b4 3.h6 b3 4.h7 b2 5.h8♕ b1♕ =) **1...♔b8** (1...♔×b6 2.h4 a5 3.h5 a4 4.h6 a3 5.h7 a2 6.h8♕, e a dama branca cobre a1) **2.h4 a5 3.h5 a4 4.h6 a3 5.h7 a2 6.h8♕ a1♕! 7.♕g8!** (7.♕×a1??, afogado; 7.♕e8 ♕g7! =) **7...♕a2 8.♕e8! ♕a4 9.♕e5+ ♔a8 10.♕h8!** (1–0). Agora o rei das pretas tem a casa b8 e não há defesa contra o descoberto. Joseph (1922).

118. **1.♔f5! ♕f8** (1...♕×e8?? 2.♗×e8++) **2.♘g7+!! ♕×g7 3.♗e8+ ♕g6+ 4.♗×g6+ h×g6+ 5.♔×f6 g5 6.♔f5 g4 7.h×g4++.** G.Sándor, *Magyar Sakkvilag* (1932).

119. **1.♕h7+!** (não 1.d8♕? ♕c1+! 2.♔×c1, afogado) **1...♔e6 2.d8♘+!** (2.d8♕? ♕d4+! 3.♕×d4, afogado) **2...♔f6** (2...♔e5 3.♕h5+ ♔d4 4.♘e6+; 2...♔d5 3.♕g8+! ♔e4 4.♕g4+ ♔d5 5.♕e6+ ♔d4 6.♘c6+ ♕×c6 7.♕×c6) **3.♕f7+ ♔e5** (3...♔g5 4.♘e6+) **4.♕h5+,** etc., como na variante anterior (1-0). V.Proskurovsky (1961).

120. **1.b6! ♖d6** (1...a×b6? 2.c7 ♖c8 3.♗d5++) **2.♗d5!** (2.♗b5 ♔b8 3.c7+ ♔c8 4.♔×a7 ♖×b6! 5.♔×b6, afogado) **2...♖×d5 3.c7 ♖a5+! 4.♔×a5 ♔b7 5.b×a7 ♔×a7 6.c8♖!** (6.c8♕??, afogado) (1–0). Estudo de A.Kuznetsov (1967).

121. **1.♔e3+! ♔b3** (1...♖×h4 2.♕×d5) **2.♖×h5!! ♕×f7 3.♖b5+ ♔c2** (3...♔c4 4.♘×a3++; 3...♔a4

4.♘×c3++) **4.♘×a3+ ♔c1** (4...♔d1 5.♖b1++) **5.♖b1++.** Harold Lommer (1968).

122. **1.♗f6+ ♔h7 2.♖g7+ ♔h6 3.♖f7! ♔g6 4.♖f8 ♘c6 5.♗×d8 ♔g7 6.♖e8 ♔f7 7.♖h8 ♔g7 8.♗f6+! ♔×f6 9.♖h6+ y 10.♖×c6** (1–0). T.Gorgiev, URSS (1969).

123. O Fritz encontra a solução de imediato : **1.♗h2! ♗×h2 2.g3! ♗×g3 3.♖f4! ♗×f4 4.d6!** (obstruções sucessivas que conduzirão a um desenlace inesperado) **4...♗×d6 5.♕h2! ♗×h2 6.♖e5! ♗×e5.** Por fim, as brancas conseguiram liberar a casa b5 para defender o cavalo cravado com o outro. **7.♘ab5 ♗h2! 8.f6** (única) **8...♗×c7+! 9.♘×c7.** Afogado. Sidorov, *64* (1981).

124. **1.d6! ♔d3 2.♔g2!** (2.♔×h2 c4 3.♔g3 ♔×d2 4.♔f4 c3 5.e4 c2) **2...♔×d2 3.e4 c4 4.e5 c3 5.e6 c2 6.e×d7 c1♕ 7.♔×h2.** Empate. Kevrenov (1968).

125. **1.g7 ♕g6+ 2.♔h1 ♕×g7 3.♖f4+ ♔h5 4.♖f5+ ♔h4** (se 4...♔h6, segue o mesmo) **5.♖ee5!! d×e5 6.♖f2!,** ganhando a dama, seguido de a5. G.Zajodjakin, URSS (1967).

126. **1.♘b6+!** (1.f7? ♖f5 2.f8♕ ♖×f8 3.♗×f8 ♔c6, ganhando o cavalo =) **1...♔c6 2.♘c4! ♖f5 3.♘e3! ♖f3** (3...♖f4 4.♘g2) **4.♔e2 ♖f4 5.♘g2 ♖f5 6.♘h4 ♖f4 7.♘g6 ♖a4** (7...♖f5 8.♘e7+) **8.f7 ♖a8 9.f8♕** (1–0). Lubos Kopac (1968).

127. **1.♘h6!! a2** (1...♖×h6 2.a8♕ =) **2.♖g7+,** com perpétuo ao longo de toda a coluna **g**. Por exemplo: **2...♔c6 3.♖g6+ ♔d5 4.♖g5+,** etc. Empate. Este estudo (de autor desconhecido) foi mostrado a Paul Keres, durante a

Olimpíada de Skopje (1972), e o Grande Mestre não encontrou a solução.

128. **1.g7! ♘×g7 2.f6+ ♔f8 3.♘c5! a2 4.♔×a2** (4.♘cd7+ ♔g8 5.f7+ ♔h7 6.f8♕ a1♕ =) **4...♘c3+ 5.♔b3 ♗a3! 6.♔×a3 ♘b5+ 7.♔b4 ♘d6 8.♘cd7+ ♔g8 9.f7+! ♘×f7 10.♘f6+ ♔f8** (10... ♔h8) **11.♘g6++.** Estudo de autor desconhecido.

Complete a sua coleção!